ISOLDE MAIER

Mein *Leben,* meine *Hunde*

novum ⟁ pro

Dieses Buch ist auch als
e-book
erhältlich.

Bibliografische Information
der Deutschen Nationalbibliothek:

Die Deutsche Nationalbibliothek
verzeichnet diese Publikation in
der Deutschen Nationalbibliografie.
Detaillierte bibliografische Daten
sind im Internet über
http://www.d-nb.de abrufbar.

Gedruckt in der Europäischen Union
auf umweltfreundlichem, chlor- und
säurefrei gebleichtem Papier.

© 2024 novum Verlag

ISBN 978-3-99146-177-7
Lektorat: Susanne Schilp
Umschlagfoto und Innenabblidungen:
Isolde Meier
Umschlaggestaltung, Layout & Satz:
novum Verlag

Die von der Autorin zur Verfügung
gestellten Abbildungen wurden in der
bestmöglichen Qualität gedruckt.

www.novumverlag.com

Druckprodukt mit finanziellem
Klimabeitrag
ClimatePartner.com/16547-2311-1001

Mein Leben – Meine Hunde

Meine Eltern hatten laut ihren Erzählungen Hunde gehabt. Ich bekam meinen ersten, als ich ca. zehn Jahre alt war. Ihr Name war Vevi, neun Wochen alt und ein schwarzer Spaniel mit weißer Brust, jedoch mit kurzen schwarzen Haaren. Warum, wusste man nicht. Sie wurde rank und schlank mit seidigem Ohrgehänge.

Vevi war die Intelligenteste!

Das fing schon an, als sie ca. ein halbes Jahr war, ich musste zur Bäckerei Gabler am Mariahilfplatz, um Brot einzukaufen. Meine Freundin Erika und Hund Lordi, er war der Bruder meiner Vevi, waren dabei. Auf dem Umweg über Giesing tollten sie ausgelassen am Giesinger Berg. Plötzlich war, wie vom Erdboden verschluckt, die Vevi nicht mehr da. Wir suchten die Hänge ab, leider vergebens. Ein Mann auf der gegenüberliegenden Seite des Berges machte, an uns gewandt, Handbewegungen. Aber wir zwei Dummen konnten sie nicht deuten. Erst viel später kamen wir darauf, was er uns sagen wollte, nämlich dass der Hund über die Mauerkante auf die Straße gefallen war. Also gingen wir traurig mit verweinten Augen nach Hause. Von Kummer überwältigt, beklagte ich, die Treppe raufgehend, mein Leid. Meine Mama kam mir entgegen, zusammen mit der Vevi. Schwanzwedelnd kam sie zu mir. Meine Mama hatte Angst gehabt, dass mir etwas zugestoßen war, da die Vevi alleine vom Giesinger Berg nach Hause in die Auerfeldstraße gelaufen kam.

An einem Nachmittag waren wir alleine zu Hause, da lockte sie mich vor die Türe des Schlafzimmers meiner Eltern, das für uns eigentlich tabu war. Ich öffnete und meine Vevi lief schwanzwedelnd zum Schrank. Auch mein Interesse war geweckt und ich sah oben eine Schachtel.

Mit Hilfe eines Stuhls nahm ich die Schachtel und wir beide haben stibitzten dann mit Genuss Weihnachtsplätzchen. Da meine Vevi sehr gehorsam war, ging sie am Abend auf Befehl meiner Mama zu ihrem Platz unter der Eckbank. Jedoch immer häufiger kam sie nach einigen Minuten wieder heraus und schlich ganz langsam, mit gesenktem Kopf, die seidigen Ohren nach vorne hängend, durch die Küche und wieder zurück. Dieses Gebaren wiederholte sich öfter, bis meiner Mama die Idee kam, dass jedes Mal in der Nacht die Sirenen heulten, wenn unsere Vevi den Schleichgang einlegte.

So konnten meine Mama und meine Schwester die Koffer für den Keller bereitstellen. Als dann die nächtlichen Fliegerangriffe zunahmen und fast jede Nacht die Sirenen heulten, war es meine Aufgabe, mit meiner Schultasche, der Ziehharmonika und der Vevi auf dem Arm in den Keller zu gehen. Zwar war das Mitbringen von Tieren in den Keller verboten, doch meine Mama ignorierte das Verbot, zumal die anderen Mitbewohner nichts dagegen hatten. Da saßen wir voller Angst und ich, wie unsere Mitbewohner feststellten, bleich im Gesicht wie Kreide.

Mein Papa war zu Hause auf Urlaub und sie besprachen, ob sie für mich einen Platz suchen sollten, fern von den Nächten mit Sirenengeheul. Meine Mama erinnerte sich an eine Cousine, mit der sie aber lange Zeit keine Verbindung gehabt hatte. Sie wusste jedoch, dass diese Cousine in Babenhausen in Schwaben lebte und Köchin bei der Fürstenfamilie Fugger im Schloss war. Dann machten wir uns auf den Weg. Unsere Vevi war natürlich dabei. Über Ulm, hier sah ich zum ersten Mal das wuchtige Ulmer Münster, fuhren wir über Kellmütz, umsteigend nach Babenhausen.

Dort angekommen, erfuhren wir Folgendes: Die Fürstenfamilie war verreist, man sagte, nach Schweden. Die Dora, so hieß die Cousine, habe dann nur noch fürs Personal vom Schloss gekocht. Ein Landwirt aus Unterschönegg holte für seine Wirtschaft einige Male im Monat Bier von der Fuggerbrauerei ab. Hier kam er auch mit der Dora ins Gespräch. Unter anderem erzählte er, dass er eine Frau suche und er Witwer sei. Da sie sich anscheinend gut verstanden, wurde nicht lange gefackelt und geheiratet. Wir bekamen die Telefonnummer, es wurde telefoniert und nach sechs Kilometern kamen wir in Unterschönegg an.

Die Freude war groß, besonders unter den Cousinen, die sich lange nicht gesehen hatten. Der Bauer wurde uns vorgestellt, er hieß Ignaz Socher. Dann bekam Vevi eine Schüssel Wasser, mein Papa ein Fuggerbier, kalten Schweinebraten mit Brot und Geräuchertes. Wir zwei erhielten einen wunderbaren Obstkuchen, Kaffee und Milch. Es wurde geredet und erzählt. Ich bekam nur so viel mit, dass der Ignaz bereits vor sechs Jahren seine Frau verloren hatte. Sie hatten vier Söhne, der Franz und der Vinzenz seien bereits gefallen, der Georg war Gebirgsjäger und zurzeit im Kaukasus und Rudolf, der jüngste, sei in Norwegen stationiert.

Derweil ich mich im Hof umschaute, sah ich Enten, im Wasserbecken schwimmend, Hühner pickten Körner und sogar Schafe standen herum. Meine Neugier war geweckt und ich sagte freudig zu, in einigen Tagen zu kommen. Mein Papa musste wieder zu seiner Etappe zurück.

Dann kam der Abschied. Bei meinem Onkel Schorsch hatte sich Vevi aus der Schusterwerkstatt ein Stück Lederschnipsel geklaut, das sie genüsslich zerkaute. Bei meiner Freundin Erika, mit der ich jeden Mittwoch zum Musikunterricht ging, sie Zither, ich Ziehharmonika, war es besonders schlimm. Wir wussten ja nicht, wann wir wieder zusammen musizieren konnten. Dann packten wir meine Sachen, meine Schultasche und die Vevi und ich waren bereit.

Als wir in Unterschönegg ankamen, es war ein Weiler mit sechs Bauernhöfen, einer Käserei und dem Käpple, zeigte die Dora mir mein Zimmer. Von jetzt an war sie meine Tante Dora und ihr Mann der Onkel Ignaz.

Mit meiner Mama gingen wir am nächsten Tag nach Babenhausen, um mich in der Schule anzumelden. Die Lehrerin war sehr freundlich und sprach von einer Bereicherung ihrer Schule, zumal sie bereits drei Schülerinnen aus Stuttgart habe. Am nächsten Tag begleitete ich zusammen mit der Vevi meine Mama zum Bahnhof. Zum Glück hatte ich die Vevi an der Leine. Sie ziepte und bellte, sie wollte unbedingt mit. Sie wusste ja noch nicht, was für ein wunderschönes Leben vor ihr lag. Aus dem Stadt- wurde ein glücklicher Landhund. Der Abschied war schwer und es flossen einige Tränen. Wir zwei waren zum ersten Mal von unserer Familie getrennt.

Zum Frühstück bekam ich eine große Tasse Milch mit Butterbrot. Die Katze erhielt eine Schüssel Milch und die Vevi ebenfalls. Die Milch für Vevi enthielt weniger Rahm, da meine Tante meinte, sie sei besser für den Hund verträglich. Die Vevi kam, schnüffelte an beiden Schüsseln und prompt schlabberte sie die Katzenmilch weg. Wir haben dann einige Male die Schüsseln ausgetauscht, aber ein Fehler ist meiner Vevi nie unterlaufen. Der Weg zur Schule war kurzweilig, weil ich dabei war, mich mit den anderen Kindern anzufreunden. Nachmittags konnte ich im Obstgarten Äpfel aufklauben, die gesammelt und später zu Apfelsaft verarbeitet wurden. Außerdem pflückte ich auf den Wiesen Champignons, die meine Tante für das Essen wunderbar verarbeiten konnte. Am Abend durfte ich die Kannen in die Käserei fahren. Dann begann ein Spießrutenlauf mit dem Ganter vom Nachbarhof. Denn dieser wusste genau, ich hatte Angst vor ihm, so empfing er mich laut schnatternd. Er riss und zupfte an meinem Rock und nicht nur einmal auch an meinen Wadeln. War aber meine Vevi dabei, so suchte er, mit seinen gespreizten Flügeln, das Weite. Ich durfte auf der Weide die Kühe hüten. Dazu bekam ich vom Onkel Ignaz eine Peitsche, wobei ich wunderbar schnalzen konnte. Nur nützte sie mir wenig, denn als mir einmal meine Kühe in das Nachbarkrautfeld gelaufen waren, wurde ich von ihnen ausgetrickst. Sobald ich zum Schlag ausholte, zogen sie ihr Hinterteil ein und weg waren sie. Da half nur eines, meine Tante Dora. Sie schnalzte mit ihrer Peitsche und siehe da, sie gingen brav und gemächlich in den Stall entgegen. Abends ging ich mit meiner Vevi noch in den Obstgarten, holte mir eine Schürze voller Äpfel, die dann meine Kühe als Betthupferl bekamen, wobei ich das Pferd nicht vergaß. Mein Onkel Ignaz sagte, ich solle es nicht zu viel füttern, sonst werde er übermütig. Das bekam ich auch einige Tage später zu spüren. Das Bier ging aus und ich durfte mit dem Fuhrwerk zur Fuggerbrauerei nach Babenhausen fahren. Die Leute wechselten die Träger und ich bezahlt die Rechnung. Gemütlich ging es zurück nach Unterschönegg. Am Berg angekommen, galoppierte er wie verrückt hinauf, die Räder rollten knapp am

Abgrund vorbei. Oben angekommen, legte er wieder seinen gemütlichen Gang ein und brachte uns wohlbehalten nach Hause. Von diesem Erlebnis erzählte ich wohlweislich nichts. Einen Apfel bekam er an diesem Abend nicht. Jeden Samstag ging ich auch zum Einkaufen nach Babenhausen. Auf dem Heimweg, ich war in meinen Gedanken versunken, überfiel mich ein Bremsenschwarm. Mein Kleid war im Nu schwarz von diesen Biestern. In Panik und mit Schüttelfrost schmiss ich meinen Korb weg, wälzte mich im Gras, auf der Erde und im Sand und siehe da, die Biester verschwanden so schnell, wie sie gekommen waren. Ich packte meine Lebensmittel in den Korb und ging nach Hause. Viele Jahre später erfuhr ich von einem Agrarier, dass Bremsen den Geruch von Erde und Gras meiden und ich hätte instinktmäßig das Richtige getan.

Alle paar Monate kam meine Mama uns besuchen. Nach der Begrüßung kam die Frage: „Wo ist denn unsere Vevi?" Jedes Mal musste ich sagen: „Ich weiß es nicht, Mama, wo sie sich den lieben ganzen Tag herumtreibt. Morgens nach dem Frühstück bekommt sie auch immer ein Butterbrot, dann verschwindet sie und abends erscheint sie wieder. Wo sie sich rumtreibt, ist ihr Geheimnis." Dann ging meine Mama zur obersten Dachluke und ließ ihren Pfiff los und siehe da, nach einiger Zeit kam mit fliegenden Ohren die Vevi dahergerannt. Die Begrüßung war unglaublich. Die zwei oder drei Tage, die meine Mama da war, wich sie ihr Tag und Nacht nicht von der Seite. Meistens brachte Mama mir ein neues Kleid oder einen Schlafanzug mit. Sie beklagte sich, dass die Stoffe dafür immer schwieriger zu bekommen waren.

Eine Buttertrommel hatten wir auch. Sobald die Tante Dora genügend Rahm gesammelt hatte, rührte ich so lange, bis sich die Molke von der Butter trennte. Das Buttern war natürlich strengstens verboten. Ein Gemisch aus Kartoffelstampf, Getreidekörner und Molke bekam dann unser dickes Schweinchen. Auf dem Feld beim Ernten machte ich mich auch nützlich, indem ich Schnüre für die Garben auslegte. Zur Brotzeitpause holte ich Apfelsaft aus dem Keller, wobei ich schon im Vorratskeller meinen Durst stillte. Dann wackelte ich zurück aufs Feld, stellte den Krug ab und legte mich in den Schatten. Vielleicht war das mein erster Schwips oder war es die Sonne? Ich schlief tief und fest, plötzlich bemerkte ich etwas Kühles im Gesicht. Die Vevi war da, strampelte von links nach rechts und leckte mir den Schweiß von der Stirn. Im Nu war ich wieder munter. Das Fuhrwerk stand hochaufgeladen zur Abfahrt bereit.

Die Ferien waren noch nicht zu Ende, da wollte ich unbedingt für ein paar Tage nach Hause. Von der Straßenbahn aus sah ich dann die Trümmer und zerbombten Häuser. Meine Mama und meine Schwester freuten sich natürlich, als ich ankam. Mit meiner Freundin Erika wollte ich am nächsten Tag zum Schwimmen ins Volksbad. Schwimmunterricht hatten wir ja schon in der vierten Klasse gehabt. Den Titel Freischwimmerin bekam der, der ohne fremde Hilfe (Schwimmgürtel) vom Brett springen konnte. Also richteten wir unsere Badesachen für die heißersehnte Freude. Schon in der ersten Nacht heulten die Sirenen. Inzwischen hatte sich herumgesprochen, dass der Bürgerbräukeller als Bunker ausgebaut war. So rannten wir alle dorthin. Kaum waren die Türen verschlossen, krachte und donnerte es. In mir stieg die Angst hoch und zitternd saß ich zwischen meiner Mama und Schwester. War ich froh, dass ich meine Vevi nicht mitgenommen hatte. Das Tor wurde geöffnet und wir konnten nach Hause. Dann sahen wir, dass halb Haidhausen brannte. Mit nassen Tüchern vor dem Mund und im Feuersturm kamen wir auf Umwegen endlich an. In dieser Nacht verloren wir unser Zuhause. Trotz Warnung ging meine Mama in den Keller, holte unsere Habseligkeiten, sogar vorbereitete Wäsche zum Waschen, nach oben, während ich in der Sieboldwiese wartete. Am Abend wurden wir in der Sieboldschule, Matratze an Matratze, einquartiert. Wie gut, dass ich die Vevi nicht mitgenommen hatte!!!

Am nächsten Morgen sagte meine Mama: „Keine einzige Nacht bleiben wir noch hier." Also fuhren wir mit Sack und Pack zum Bahnhof und warteten auf den Zug Richtung Tittmoning, es ging zu Onkel Georg. Der hatte dort ein Häuschen gemietet, dank der Verwandtschaft seiner Frau. Endlich konnten wir uns von Ruß und Dreck befreien. In der folgenden Nacht wurden die Sieboldschule und die gegenüberliegenden Häuser von einer Luftmine getroffen und die darin untergebrachten Menschen kamen ums Leben. Von meiner Freundin Erika habe ich nie wieder etwas gehört. Auch die Mauern unseres Wohnhauses stürzten ein und begruben Herrn Nagelmüller, samt seiner kleinen Hühnerfarm. Ob es unser Schutzengel war oder eine Vorahnung meiner Mama, die unser Leben rettete? Lange hielt sie es in Tittmoning nicht aus. Sie wollte unbedingt nach München, um sich beim Wohnungsamt für eine Wohnung anzumelden.

Meine Ferien waren zu Ende und ich fuhr wieder nach Unterschönegg. Dieses Mal von meiner Vevi stürmisch begrüßt und Tante Dora sagte, sie hätte mich immer gesucht. Dann gingen wir zusammen in unseren Stall und begrüßten unsere Kühe und den Maxi. Nur unser dickes, fettes Schweinchen war nicht da. Spätestens am Erntedankfest wusste ich, wo es war.

Im Winter saßen wir in der warmen Stube. Tante Dora und ich strickten Soldatensocken und wir hörten Schwarzsender. Davon gab es zwei. Einer aus Hilversum und der andere aus Dornbirn. Das hörte sich dann so an, dass der Mann mit gedämpfter Stimme sprach: „Ein Geschwader hat den Ärmelkanal überflogen und das Festland erreicht, den Weiterflug ins Einsatzgebiet ..." Anschließend erfolgte die Durchsage von einer Reihe Zahlen. Dann war Schluss, bis zur nächsten Durchsage. Ein kaum auszuhaltendes Drama war die Nachricht vom Tod meines Bruders und einziger Sohn meiner Eltern, der am 9. 8.1943 südlich Orel fiel. Ein Eisernes Kreuz zweiter Klasse und ein Orden für die Teilnahme am strengen Winter 42/43 waren dem Schreiben beigefügt. (Ich sage das Wort nicht gern, der Volksmund nannte ihn „Gefrierfleisch-Orden".) Der einzige Trost waren Fotos von ihm von einer Reise, die er vor der Einberufung zum Arbeitsdienst und Militär auf der Sierra Cordoba nach Norwegen zu den Fjorden unternommen hatte.

Dann wurde ich krank, konnte kaum durchatmen und der Rachen war geschwollen und ich hatte hohes Fieber. Ich kann mich noch erinnern, dass mehrere Leute mich von oben bis unten in nasse Tücher wickelten. Bei jedem Wickel wurde ich wach, sah plötzlich meine Mama und schlief dann wieder zufrieden ein. Man glaubt es nicht, am nächsten Tag war ich gesund. Ein Mann sagte mir, dass ich morgens barfuß im Schnee, der mir bis zu den Knien reichte, in den Obstgarten runter und wieder zurücklaufen solle. Anschließend frottierte mir die Tante Dora die Füße, dabei fragte ich so nebenbei, wo meine Mama sei. Sie war nicht da, ich hatte es mir eingebildet. Im Frühjahr packte mir Tante Dora einen Korb voll mit Rauchfleisch, Eiern, Würsten, Butter, Fett und Kuchen zusammen. Mit den Dorfkindern wanderten wir fröhlich zu einem entlegenen Ort. Das Ziel war das Pfarrhaus. Zum Pfarrer Prestele. Er war der Mann, der mich behandelt hatt. Ich übergab ihm die Geschenke und bedankte mich für seine Hilfe.

Die Schule war zu Ende und ich musste nach München, um mich im Arbeitsamt zum Pflichtjahr anzumelden. Der Abschied von Unterschönegg fiel mir schwer, zumal Tante Dora sagte, wir sollten Vevi bei ihr lassen, denn wir wüssten ja nicht, was alles noch in der Stadt passieren könnte. Dem stimmte meine Mama zu.

Inzwischen hatten wir auch eine Wohnung bekommen. Welch ein Glücksfall! Denn meiner Mama wurden vom Leiter des Wohnungsamtes zwei Zimmer mit Badenutzung in seiner Villa in Großhesselohe, linke Straßenbahnseite, zugewiesen.

Mein Pflichtjahr trat ich bei einer Familie mit drei Kindern am Schliersee an. Mein Zimmer war so klein, dass nicht mal meine Sachen Platz hatten. Auch am Esstisch war kein Platz für mich. Darum schrieb ich das alles meiner Mama und die Frau meinte, sie nehme meinen Brief gleich mit zur Post. Er wurde jedoch von ihr geöffnet und sie las meine Berichte. Bei dem zweiten Brief war ich nicht so naiv und brachte ihn selber zur Post. Einige Tage später kam Mama, um mich abzuholen. Dies war nicht so einfach, denn die Frau sperrte uns ins Zimmer ein.

Kurzerhand öffnete meine Mama das Fenster, mit dem Koffer voraus stieg sie aus und ich hinterher und ab zum Bahnhof. Die zweite Stelle bekam ich in Altenstadt an der Iller. Sie war in der dortigen Apotheke, die ein älteres Ehepaar führte. Es fing schon gut an, denn ich durfte mit Herrn und Frau Apotheker in den Urlaub fahren. Auf der Fahrt nach Ulm erzählte die Frau mir, dass sie in Winterthur die erste Apotheke am Platz gehabt hatten und nach Deutschland gekommen waren, um sich nach einer kleineren Apotheke umzusehen. Zwei ihrer sechs Kinder kamen mit nach Deutschland, während die anderen in der Schweiz blieben. In Ulm besuchten wir einen Chemiekonzern und wurden vom Direktor empfangen. Die beiden Männer unterhielten sich lebhaft, ich glaube, sie waren Studienkollegen gewesen. Wir beide saßen derweil tief im Ledersessel versunken und warteten. Sie fragten, mich, ob ich den Blautopf kenne. Was ich verneinte. Also fuhren wir nach Blaubeuren. Ich hatte ja keine Ahnung, wie schön es dort war. Nach einer Übernachtung im Hotel ging es weiter nach Tettnang. Ein Sohn von dem Apotheker war dort Schloss- und Gutsverwalter. Wir besuchten die Obstplantagen und Weinberge. Übernachtet wurde im Gutshaus, bis wir dann nach einigen Tagen weiterfuhren, nach Stockach am Bodensee. Hier hatte die Tochter eine Zahnarztpraxis. Frau Apotheker meinte, sie solle bei dieser Gelegenheit meine Zähne kontrollieren. Einige Tage blieben wir dort, besuchten am Bodensee die verschiedensten schönen Orte, dann ging's nach Altenstadt zurück. Bei Frau Apotheker lernte ich kochen, backen, waschen und bügeln, sogar wie man Seife herstellt. Am meisten freute sie sich, wenn am Samstagmorgen aus zwei Kilo Mehl gekneteter Teig über den Schüsselrand gelaufen war. Dann wurde auf Teufel komm raus gebacken. Zöpfe, Hörnchen, Seelen, Blechkuchen usw. Dies schaffte ich alles zum Bäcker, der im großen Backofen alles fertig backte. Ich könnte stundenlang aus dieser schönen Zeit erzählen, aber nur zwei Dinge möchte ich noch erwähnen. Am Wochenende kam ab und zu der Herr Doktor, der Herr Fabrikbesitzer, der Herr Prokurist, der Bäckermeister und ab und zu der Mühlenbesitzer zur Unterhaltung zusammen. Der Fabrikbesitzer brachte dann auch einen in der Iller gefangenen Fisch mit. Den stellte ich in einer Schüssel in den Keller. Später brachte ich die leeren Flaschen in den Keller und, oh Schreck, der ganze Boden war nass und der Fisch zappelte in der Schüssel. Kurzerhand füllte die Frau Apotheker die Badewanne und der Fisch schwamm darin weiter. Am Sonntag meinte sie, dass ich auch das Schlachten und Ausnehmen von Fischen lernen müsste. Da bin ich auf und davon. Ich ließ mich erst wieder blicken, als es im Haus und im Garten nach gebratenem Fisch roch. Ob ich davon gegessen habe, daran kann ich mich nicht mehr erinnern. Sie lehrte mich auch das Tanzen, Walzer, Foxtrott und Tango. Eine erste Zigarette, so eine flache Mokri, hat sie mir auch gegeben. Sie rauchte eine davon und ich bekam einen Husten- und Erstickungsanfall. Pünktlich, jeden Samstagabend, ich war Putzen in der Apotheke, kamen sechs Franzosen, die wochentags bei den Bauern zur Landwirtschaft eingeteilt waren. Sie begrüßten den Apotheker und unterhielten sich auf Französisch. Mir gefiel die Sprache so sehr, ich stellte meine Arbeit ein und lauschte dem Gespräch. Vom Herrn Apotheker erhielten sie dann den gewünschten Hustensaft. Die Frau Apotheker tratschte mir dann, dass in den Flaschen mehr Alkohol drin war als Hustensaft. Ein anderes Mal, als er gerade seine Mixturen im Labor herstellte, kam sie mit einem größeren Schnapsglas zu mir und meinte, ich solle das trinken, damit ich ja nicht krank werde. Es war ein noch warmer Anisschnaps und ich hatte prompt meinen zweiten Schwips. Auch wenn es bei den Apothekern noch so schön war, wollte ich wieder nach Hause. Die Zeit war vorbei und Frau Apotheker packte mir einen Rucksack voller Essen ein. Da die Züge alle den Plan nicht mehr einhalten konnten, kam ich erst nach eineinhalb Tagen in München an. Mein Rucksack war inzwischen halb leer. Die Leute im Zug hatten alle Hunger und ich verteilte großzügig.

In der Stadt fuhr eine Bockerlbahn, die fleißig den Schutt wegtransportierte. Dann sah ich unser neues Zuhause. Meine Mama und meine Schwester hatten inzwischen die nötigsten Möbel besorgt und die Wohnung eingerichtet, so gut, wie es ging. Zum Glück kam auch unser Papa nach Hause. Er erzählte uns, bei einer Gelegenheit hätte er sich abgesetzt und sei zu Fuß losgelaufen. Eine gefährliche Aktion, denn auf Fahnenflucht stand die Todesstrafe.

Meine Schwester Pauline hatte eine Freundin in Pullach. Von einem Freund, der Zugang zu Lebensmitteln hatte, marschierten wir nach Pullach. Bei der Überquerung der Großhesseloher Brücke hatten wir Schwierigkeiten, denn da waren vorne und hinten bereits Teile herausgesprengt worden, also hangelten wir uns über dorthin gelegte Bretter auf die andere Seite. Am frühen Nachmittag hörten wir im Radio im Bericht einer Organisation (Gehlen) die das Rundfunkhaus teilweise besetzt hatte, dass die Amerikaner vor München stünden, also wurde es Zeit, nach Hause zu gehen. Meine Schwester sagte noch: „Wir gehen besser über die Grünwalder Brücke, falls die Großhesseloher Brücke ganz zerstört ist." Also liefen wir in den Grünwald. Schon von Weitem erhielten wir von deutschen Soldaten Zeichen, wir sollten uns beeilen, falls wir noch rüberwollten, denn die Brücke werde in einigen Minuten gesprengt. So liefen wir als Zivilisten auf die andere Seite. Dann hörten wir Kommandos und Zurufe, dann ein unerhört lautes Getöse, sahen eine riesige Staubwolke und die Brücke verschwand in der Isar. Daraufhin liefen wir am Hang entlang nach Großhesselohe. An uns vorbei gingen Soldaten, die uns zuriefen, wir sollten in Deckung gehen, denn Salven kamen von der anderen Seite. Die letzten Meter vor unserem Haus fingen mir die Beine zu schlottern an. Wir sahen noch die Heli Finkenzeller und ihren Mann, Herrn Dohm, auf dem Arm ein kleines Kind (die spätere Schauspielerin Gaby Dohm), in ihr Haus huschen. Dann waren wir auch zu Hause. Meine Eltern empfingen Pauline nicht gerade freundlich. Nur vielleicht eine halbe Stunde saßen wir im Keller, als auch schon die ersten Amerikaner mit Maschinenpistolen ankamen und befahlen, das Haus zu öffnen, um es nach deutschen Soldaten und Munition zu durchsuchen. Alles ging so schnell wie ein Spuk. Aus einiger Entfernung hörten wir noch zwei Schüsse. Aber für uns war der Krieg aus. Keine Angst mehr zu haben vor den Fliegerangriffen, ein Aufatmen nach sechs Jahren Angst und Schrecken. Die Ruhe nach dem Sturm ohne Sirengengeheul. Für mich die schönste Nacht.

Am nächsten Morgen beim Milcheinkaufen, der Laden hatte zu, lagen in der Ecke zwei junge deutsche Soldaten. Am nächsten Tag lagen sie immer noch da, aber ohne Stiefel. Die Plünderungen der Lebensmittellager, der Wein- und Bierkeller wurde nach einigen Tagen von den Amerikanern verboten. Sogar die Ley Villa am Hochufer der Isar, einige Meter von unserer Siedlung entfernt, wurde bis auf den Flügel ausgeplündert. Dagegen machte sich unser Papa über die von der Großhesseloher Brücke herabgefallenen Bahnschwellen her. Mit Säge und Axt wurden Scheite gemacht und wir zwei durften sie die Treppen raufschleifen. Immer rauf und runter. Unser Heizmaterial hatten wir gesichert. Immer mehr Flüchtlinge aus dem Egerland und anderswo kamen in die Stadt. Sie wurden in mehreren außerhalb liegenden Baracken untergebracht. Für die Stadt waren sie bei den Aufräumarbeiten fleißige Helfer. Auch Baufirmen schossen wie Pilze aus dem Boden. Es war ein lebhaftes Treiben, Aufbruchsstimmung in unserer Stadt, wäre nicht unser täglicher Begleiter der Hunger gewesen. Mein Papa fand vorübergehend in der Malzfabrik in Höllriegelskreuth Arbeit. Meine Schwester konnte ihre Arbeit im Arbeitsamt auch wieder aufnehmen. Und was geschah mit mir? Die Handelskammer Weißauer, in der ich kurz vor dem Pflichtjahr gewesen war, hatte ihren Betrieb noch nicht aufgenommen. So ging ich kurzerhand ins Arbeitsamt, Abteilung Lehrstellenvergabe, und bewarb mich um eine Stelle als kaufmännischer Lehrling. Jeden zweiten Tag erschien ich dort und bekam dann tatsächlich eine Lehrstelle bei einer bekannten Münchner Firma, die allerdings wegen Bombenschaden nach Rottach-Egern ausgelagert war. Der Lehrvertrag war unterschrieben, ich bekam auch in einem schönen Landhaus ein Zimmer und mein Arbeitsleben konnte beginnen. Allerdings sah ich das Büro nur von der Ferne, denn ich wurde nur für alle anderen Arbeiten eingesetzt. Zum Beispiel musste ich den ganzen Tag Schnüre häkeln, die für eine Taschenproduktion benötigt wurden. Ein paar Monate war ich geduldig und wartete ab, was da noch komme. Als nichts geschah, bekam meine Mama einen Brief von mir. Nach drei oder vier Tagen war sie da. Die Chefin sprach von Vertragsbruch und meine Mama hielt dagegen, nicht wir, sondern sie hätten den Vertrag gebrochen. Zu Hause angekommen, setzte ich meine fast täglichen Besuche im Arbeitsamt fort. Die nächste Stelle war bei der Firma Fritz Geldmacher GmbH, Baumaterial-Großhandel, am Tassiloplatz. Ich bekam einen Lehrvertrag für Angestellte im Groß- und Außenhandel. Später sagte ich zu meiner Mama: „Hast du gelesen, an der Wand hing eine Urkunde für die hervorragende Ausbildung von Lehrlingen." Am 2.1.1946 fuhr ich dann von Großhesselohe zur Firma. Nach der Vorstellung bei den Angestellten zeigte mir Herr Huber meinen Arbeitsplatz und sagte: „Das Alphabet kannst du ja." Denn auf dem Tisch lagen bereits aufgestapelt Durchschläge und mehr. Gegen Abend hatte ich die Rechnungen, Angebote usw. zu kuvertieren, das Ganze postfertig zu machen sowie eine Aufstellung über den Bestand von Briefmarken anzufertigen. Den Postkorb brachte ich dann aufs Postamt 8 am Orleansplatz. Dabei begegnete ich Elisabeth, sie war das Lehrmädchen von unserer Schwesterfirma Isolier- und Terrassenbau und ich fragte sie erstaunt: „Was tust du denn da?" „Ich wärme mich auf", war ihre Antwort. So viel Zeit hätte ich auch haben wollen. Statt um 8 Uhr war ich bereits um halb 8 in der Firma. Als Erstes heizte ich den Kanonenofen an. Das Rohr lief nahe an den Ablageordnern vorbei und es glühte gefährlich. Frau Neidl sollte es doch, wenn sie kam, schön warm haben. Zum Glück ist nichts Schlimmeres passiert. Später bündelte ich die Banknoten und rollte die Münzen mit der Prokuristin zusammen ein, machte Aufstellungen der Schecks für drei Banken und brachte sie zu den Banken. Die Buchhaltung führte die Prokuristin Frau Krauß. Sie übergab auch mir immer mehr Arbeiten. Zum Beispiel die Journale addieren, bis zum Schluss Soll und Haben stimmte. Eine Rechenmaschine war für einen Lehrling jedoch tabu. Je mehr, umso schneller ging dann das Kopfrechnen. Neben der Abholung von Genehmigungen und Bezugsscheinen usw. hatte ich auch die Botengänge übernommen. So kam es, dass meine Mama eines Tages bei Chef Herrn Bethke vorstellig wurde. Sie beklagte sich, dass ihre Tochter immer mit patschnassen Füßen nach Hause kam, und sie brauche unbedingt neue Schuhe, sonst würde sie krank. Einige Tage später sagte Frau Neidl, dass ich zum Chef kommen müsse. Hatte ich was angestellt? Nein, er holte eine Schachtel mit der Aufschrift „Salamander" aus seinem Schreibtisch, darin ein paar Schuhe für mich. Sogar neue Strümpfe waren dabei. Am liebsten hätte ich ihn umarmt. Inzwischen kam auch die Währungsreform. Alle Konten mussten von Reichsmark auf D-Mark umgerechnet werden. Auch wurde die Buchhaltung wegen Platzmangel nach Obersendling ausgelagert. So fuhr ich jeden Tag in die Pfeufferstraße.

Nur noch zwei Geschichten möchte ich erzählen. Wie gesagt, nagte der Hunger zu jeder Tageszeit. Meistens brachte Frau Neidl am Montag nach einer Hamsterfahrt Kartoffeln und Butterschmalz mit und machte sich zur Mittagszeit geröstete Kartoffeln. Das Butterschmalz roch so unwiderstehlich und ich musste jedes Mal einige Gabeln davon stibitzen. Obwohl sie wusste, dass die Portionen immer kleiner wurden, machte sie mir nie Vorhaltungen. Manchmal fuhr ich mit der Elisabeth mit der Linie 12 nach Hause. Plötzlich sackte sie am Gitter ohnmächtig zusammen und ich schleppte sie ins Innere. Zum Glück kam sie dann schnell wieder zu sich und ich begleitete sie noch zum Böhmerwaldplatz. Als Kundschaft hatten wir die Firma Fisch-Winter, die am Viktualienmarkt ihren Stand wieder aufbaute. Als Dank für die gute Zusammenarbeit brachte Herr Winter uns einen Kübel voll fetter, dicker Bismarckheringe mit. Zum Verteilen gab mir jeder seinen Teller, wobei ich dabei Elisabeth nicht vergaß. Ich verteilte die Fische und nach jeder Runde für mich eines in Kröpfchen. Als ich am Abend nach Hause kam, war mir so schlecht. Ich war todkrank. Es kam, was kommen musste. Von da an ging's mir wieder gut. Später wurde mir erklärt, dass ich einen Eiweißschock gehabt hatte. Alles in allem hatte ich eine schöne und lehrreiche Lehrzeit. Nach einer mündlichen Prüfung bei der IHK gönnte ich mir ein Pfund Kirschen. Zu Hause hatte sich in der Zwischenzeit viel verändert.

Mein Papa begegnete damals in der Geiselgasteigstraße einem entlassenen Russen, der auf ihn zukam und sagte: „Du geben mir Uhri und ich geben dir meine Fahrrad." Der Tausch war, ohne viel zu überlegen, gleich gemacht. So konnte mein Papa nach Höllriegelskreuth fahren. Zur Aufbesserung unserer Lebensmittelbestände hatte die Malz-Kaffee-Firma jede Menge Zuckerrübenschnitzel. Von da an stand seitlich am Ofen ein Topf für Zuckerrübensirup. Eines Tages kam der Befehl von den Amerikanern, dass alle Häuser in Großhesselohe und Harlaching für den Eigenbedarf, aber meistens für die Offiziere geräumt werden müssten. Wir hatten wieder mal Glück, dass unser Hausherr, der Herr Oberhauser, uns eine Wohnung zuteilen konnte. Diese bekamen wir in der Kugelstraße 17. Mein Arbeitsweg war nun viel kürzer. Im Kongresssaal im Deutschen Museum war ein Kino eingerichtet. Hier gab es amerikanische Gesellschafts- und Wildwestfilme, aber auch englische Arthur-Rank-Filme. An einem Sonntag gingen wir, Elisabeth und ich, dorthin. Nach der Vorstellung kamen wir zur Inneren Wiener Straße und sahen vorn am Wiener Platz eine Menge Frauen und amerikanische Lastwagen stehen. Offensichtlich wurden hier illegale Geschäfte abgewickelt und wir kamen zufällig dazu. So wurden auch wir zwei eingefangen, auf einen Lastwagen gehoben und ab ging's in die Ettstraße, zum Polizeipräsidium. Da standen wir nun in der Halle und wussten nicht, was da kommen würde. Ein deutscher Polizist kam auf uns zu und fragte, was wir wollten. Ich fragte: „Wie lange könnte das dauern? Wir müssen nämlich am Montag wieder zur Arbeit. Die Elisabeth zum Aufsperren und ich habe wichtige Arbeiten zu erledigen." Darauf sagte er: „Folgt mir, aber unauffällig." Er führte uns zu einer Treppe, mit der Bemerkung: „Lasst euch nicht noch mal erwischen." Schnell wandelten wir die Treppe hinunter und über die Maximilianstraße nach Hause. Seit dieser Zeit weiß ich, dass es in der Ettstraße eine Wendeltreppe gibt.

Vor Begeisterung von meiner Lehrstelle hätte ich fast die Vevi vergessen. Eines Tages sagten meine Eltern: „Morgen fahren wir nach Unterschönegg und holen unsere Vevi nach Hause." Als sie kam, war sie sehr schüchtern, als sie aber mich und die Paulina sah, wurde sie lebhaft, kam angerobbt und winselte zur Begrüßung. Sie hatte uns wiedererkannt. Als Erstes ging meine Mama am nächsten Tag mit ihr ins Volksbad, besser gesagt, ins Hundebad. Als sauberer, fellglänzender Hund kam sie wieder heraus. Der Bademeister meinte, dass sie völlig gesund sei, nur ein kleines Bäuchlein hätte sie angesetzt. Wir nahmen unsere täglichen Spaziergänge wieder auf. Da meine Mama in der Unionsbrauerei für einige Stunden am Tag arbeitete, sammelte Frau Zimmermann, die Wirtin, fleißig Fleischabfälle für unsere Vevi. An einem Sonntagnachmittag ging ich mit ihr spazieren. Am Wörth-Kino vorbei, wo ich die Bilder anschaute und dann weiter zum Rosenheimer Berg, um zu den Maximiliansanlagen zu gelangen. Plötzlich wurde Vevi immer schneller und verschwand schließlich bei einer Bauruine im verwilderten Vorgarten. Mit erhobenem Kopf, eine große Tüte neben sich herschleifend, kam sie wieder heraus. Schwanzwedelnd von vorne bis hinten, stellte sie sich neben mich. Beim Öffnen kam mir ein süßer Zimtgeruch entgegen. „Vevi, was hast du denn gefunden?" Zu Hause angekommen, kamen 24 Stück Ringelgebäck zum Vorschein. Unser Sonntag-Malzkaffee-Nachmittag war versüßt. Natürlich bekam auch sie als Finderlohn einige Stücke, es wurde redlich geteilt. Ebenfalls an einem Sonntagmorgen machte ich mit ihr über den Bülowplatz die Runde. Sie schnüffelte da und dort und hatte plötzlich einen Zettel in der Schnauze. Bei genauerem Hinsehen entpuppte er sich als halber Zwanzig-DM-Schein. Wo ein halber ist, musste der andere auch irgendwo stecken. Tatsächlich fand ich ihn. Dann gingen wir nach Hause und legten beide Hälften zusammen. Die Vevi bekam eine Extrawurst, meine Mama ein Paar Hausschuhe, mein Papa eine Schachtel Zigaretten und ich und meine Schwester einen Kinobesuch. Obwohl wir mit Vevi viel spazieren gingen, besonders mein Papa über den Montgelas-Berg zum Englischen Garten, wurde das Bäuchlein immer größer. An einem frühen Morgen um sechs klopfte unsere Mama an die Türe und sagte: „Aufstehen, ich habe eine Überraschung für euch." In der Küche lagen auf dem Boden sechs kleine Vevis. Verschüchtert krabbelte Vevi umher, suchte jede Ecke ab und kam schließlich wieder zu ihren Jungen zurück. Unsere Mama hatte nämlich ein siebtes Junges entdeckt, das jedoch tot war, und es entsorgt. Gerade dieses siebte suchte unsere Vevi. Können Tiere zählen?

Innerhalb unserer Familie hatte sich auch einiges geändert. Mein Papa hatte eine Stellung im Wasserwirtschaftsamt bekommen und ich eine Stelle in der Großmarkthalle. Bei der Fischer Weppler GmbH, Groß- und Importhandel. Unsere Mama hatte mit den sechs kleinen Rackern alle Hände voll zu tun. Eines Tages wollte unsere Vevi ihre Jungen nicht mehr. Für uns war klar, dass sie wegmussten. Meine Schwester, die mit ihnen viel unterwegs war, konnte zwei bei den Eltern ihrer Freundinnen abgeben. Dann nahm die Frau Zimmermann einen. Der wurde später ein richtiger Wirthaushund, lungerte den ganzen Tag in der Küche rum oder ging mit dem Wirt durch die Gaststätte, um die Gäste zu begrüßen. Wenn er Glück hatte, durfte er auch mit dem Wirtssohn zum Spielen gehen. Zwei Stammgäste vom Lokal nahmen den vierten und den fünften. Eine Frau aus der äußeren Prinzregentenstraße sprach meine Mama eines Tages an und meinte, wie das Kleine sei, am liebsten würde sie es mitnehmen. Später sah ich sie manchmal schon morgens mit dem Hund auf dem Weg zu ihrem Geschäft am Max-Weber-Platz.

Die Firma Fischer-Weppler hatte drei Gesellschafter. Herr Zieglmeier war für den Import von Obst aus Italien, Österreich, Ungarn und Spanien zuständig und Leiter vom Obststand in der Halle. Doktor Seibold und Fischer-Weppler waren meistens im Ausland, um Waren einzukaufen. In Italien für Wein, in Frankreich für Cognac und Weine, in Holland für Dosen von Griebenfett, in Belgien für Schokolade und in Dänemark für Eier. Frau Zieglmeier verwaltete die Finanzabteilung mit Abrechnung der umfangreichen Bareinnahmen und Schecks, Übersicht der Ein- und Ausgaben, Zahlungsverkehr sowie Lohn- und Gehaltsbuchhaltung. Mein Arbeitsgebiet war die Buchhaltung. Hier stellte ich fest, der Rückstand war enorm. Es dauerte schon einige Monate, bis ich überhaupt die Belege sortiert und kontiert hatte. Das Buchungsgerät war spartanisch. Es gab nämlich keine Buchungsmaschine. Für die mit Hand zu buchenden Unterlagen gab es die Aluminiumplatte mit Schiebern zum Einklemmen der Konten. Wenigstens war eine Rechen- und Additionsmaschine vorhanden. Umsatzsteuererklärungen wurden beim Finanzamt auch nicht abgegeben. Dafür wurden jeden Monat Vorauszahlungen geleistet. Im Kontorhaus waren für die Firma vier Zimmer gemietet. Eines davon für die Buchhaltung, Frau Zieglmeier und meine Wenigkeit. Von der permanenten Hektik wurden auch wir nicht verschont. Es kamen Vertreter aller Art, ein Verkäufer aus der Türkei war besonders hartnäckig. Er wollte unbedingt einen Vertrag für den Verkauf seiner Korinthen abschließen und er kam immer wieder. Dafür waren wir wirklich nicht zuständig. Dann kamen Mitarbeiter mit irgendwelchen Wünschen. Die mir dann auch vorgestellt wurden. Oder es erschienen jüdische Kaufleute mit in Zeitungspapier eingewickelten Geldbündeln. Der Verkauf in den Hallen ging von 6 bis 14 Uhr. Dann kam die Verkäuferin mit der Abrechnung, einer Menge Geld und Schecks. Die Aufstellung der Schecks hatte sie mir überlassen, dann ab zu den Banken, einschließlich Geldbetrag. Unten im Kellergeschoss hatten sie Filialen, so musste man das Haus nicht verlassen. Bei Gelegenheit erwähnte ich, dass bei der Vielfalt der Importe und der dazugehörigen Unterlagen eine Buchungsmaschine angebracht wäre. Einer der Chefs meinte: „Wie man hört, haben Sie ja alles schön auf die Reihe gebracht, es läuft auch ohne." Das war zwar schmeichelhaft, aber so blieb es bei der Aluminiumplatte. Wenigstens das Grundprinzip der doppelten Buchführung blieb das Gleiche, wie es einst die Medicis in Florenz erfunden hatten. Das Klima war rau aber herzlich, die Münchner Großmarkthalle war fest in Münchner und italienischer Hand.

Mit meinem Vevilein ging ich abends immer noch spazieren, obwohl die Rundgänge kürzer wurden. Ihr schönes Ohrgehänge und die Schnauze waren inzwischen grau geworden. Unsere Mama musste mit ihr immer öfter zu Dr. Scherbauer. Als ich eines Abends nach Hause kam, herrschte so eine komische Stimmung. Mein Papa saß in der einen Ecke, meine Schwester in der anderen, kaum dass sie „Grüß dich" sagten. Nach der Mama gefragt, hieß es, sie sei draußen. Dann ging ich in unser Zimmer, sie stand am Fenster und weinte, da wusste ich, unseren Mittelpunkt der Familie gab es nicht mehr.

Nach der Kinovorstellung kamen wir in Nähe Grillparzerstraße an einer Tankstelle vorbei. Wir blieben stehen, da uns ein kleiner schwarzer Hund entgegensprang. „Bist du aber lieb", sagte ich und der Tankstellenwächter rief uns entgegen: „Wollen Sie ihn haben? Es ist ein Weibchen und heißt ..."

ASTI

Sie war hochbeinig, hatte kurzes, schwarzes, glänzendes Fell, eine weiße Brust und vier weiße Pfotenspitzen. Allerdings waren die hängenden Ohrläppchen klein, lustig wie ein zu kurz geschnittener Bubikopf und sie hatte eine lange Schnauze. Meine Eltern waren zu Hause und ich zeigte ihnen, was ich da hatte. Nur der Papa hatte einen Einwand und meinte: „Bei unserer Vevi war es schlimm genug", und doch wurde sie der Liebling meines Papas.

In der Firma hatte sich eine Menge geändert, denn die Zieglmeiers waren aus der Gesellschaft ausgeschieden und hatten sich selbstständig gemacht. Frau Zieglmeier übertrug mir die Führung der Kasse, den gesamten bankmäßigen Zahlungsverkehr, einschließlich der Vorschriften für den internationalen, der Lohn- und Gehaltsabrechnung samt der monatlich anfallenden Steuern und Abgaben, desgleichen die Reisespesenabrechnungen. Zu meinen Bedenken, ob ich all dies bewältigen konnte, meinte sie, ich würde das schon schaffen. Aber nach nur zwei Monaten wurde ich rebellisch und forderte eine Buchhalterin, die mir die Buchungen mit allem Drum und Dran abnehmen konnte. Tatsächlich erhielt ich die Else Fink. Sie war mir eine große Hilfe, hatte nur einen Fehler, denn sie kam jeden Tag zu spät. Weil es noch nicht reichte, was alles importiert wurde, musste eine Bananen-Reifanlage her. Dazu brauchten wir einen großen Keller. Den fanden wir in der Kidlerstraße unter der evangelischen Kirche. Die Heizung wurde eingebaut und Stahlstangen mit Haken installiert. Der direkte Import von Bananen aus Südamerika konnte beginnen. Wer eine Spinnenphobie hatte, ging da nicht hinein. Von Weitem sah ich eine große Fette im Glas sitzen, denn der Lagermeister sammelte sie. Die Großen fraßen jeweils die Kleineren. Dann brachte er sie in ein Institut zwecks Spinnengift. Für ihn war es ein Nebenverdienst. Gehalt und Lohn waren eine Bringschuld. Der Ultimo war der schönste Tag, wenn ich die Tüten verteilte. Nur der Herr Laber musste sich seine bei mir abholen, denn in sein Spinnengewölbe ging ich nicht.

Unsere Asti fühlte sich vom ersten Tag an zu Hause. Mama richtete eine Schüssel mit Suppenfleisch, Reis und Gemüse und sie verschlang es, als ob sie noch nie so etwas Gutes bekommen hätte. Mein Papa lehrte sie z. B. Pfote geben, welche Hausschuhe wem gehörten und vor allem jeden Morgen Gassi gehen. Meine Schwester war inzwischen verheiratet und bei ihrem Besuch wollte sie unsere Asti am liebsten mitnehmen. Sie war aber auch so goldig mit ihren schlauen Augen und ihren kurzen Ohrläppchen. Der Mann meiner Schwester hatte zu Hunden keinen Draht. Da die Wohnung von dem Inhaber wieder selbst beansprucht wurde, bekamen wir in der Ginhardtstraße 7 eine Neubauwohnung, gegenüber vom Hirschgarten. Als mein Freund, der Hanne, das erfuhr, war er ganz niedergeschlagen. Wir kannten uns ja schon seit meiner Lehrzeit. Trafen uns beim Tanzen oder im Kino, beim Spazierengehen im Englischen Garten. Später sahen wir uns sogar schon morgens in der Trambahn. Er fuhr in die Schwanthalerstraße zur Firma Continental, bei der er als Ein- und Verkäufer von Reifen und Ersatzteilen tätig war. „Weißt

du was, wir heiraten und könnten bei dir zusammenwohnen."
„Da musst du aber schon meine Eltern fragen", meinte ich. Beide waren natürlich einverstanden. Sie hatten an ihm einen Narren gefressen, denn wenn er bei uns war, war immer etwas los. Der Gesprächsstoff und seine Witze gingen ihm nie aus. So feierten wir zusammen mit den Familien und Freunden noch in Haidhausen im Hofbräukeller Hochzeit. Der Hirschgarten war damals noch eine wilde Graslandschaft, mit zig Bombentrichtern. Dort war unsere Asti in ihrem Element. Mein Papa tobte mit ihr stundenlang, warf mit Bällen und Ringen.

Kaufte er sich in der Wirtschaft eine Halbe, so wurde ihm das Spielzeug auf die Füße gelegt. Er besorgte auch einen Korb, den er am Rad befestigte und brachte ihr bei, darin zu sitzen. Es dauerte eine Weile, bis er dann mit ihr und seinem Freund zusammen in den Wald zum Himbeer- und Blaubeerpflücken fahren konnte. Dabei sah sie ihm zu und pflückte auch. Am Abend konnte man es an ihrer blauen Zunge sehen. Einmal beobachtete ich sie, als sie mit starrem Blick und angewinkeltem Bein vor einem Mauseloch stand. Ein Stoß mit der langen Schnauze und bevor ich noch „Pfui" rufen konnte, hatte sie die Maus gefressen. Ein anderes Mal zog im Westen ein Gewitter auf und mein Papa meinte. „Bevor es zu regnen beginnt, mache ich noch eine Runde." Sie waren bereits auf dem Heimweg, da passierte es. An der Ecke Herthastraße fuhr ein Blitz mit gleichzeitigem Donnerschlag in eine Leitung. In dem Moment rannte die Asti davon. Der Regen prasselte und als er ankam, hoffte er, sie stünde vor der Tür. Er pfiff und schrie, eine Asti war nicht zu sehen. Nachdem der Regen aufgehört hatte, schwärmten wir alle aus, der Hanne und ich in den Hirschgarten. Der Papa und Mama liefen die Straßen ab. Am nächsten Tag um 6 Uhr waren wir schon wieder unterwegs. Meine Mama ging immer wieder den ganzen Tag umher und nagelte Zettel an die Bäume. Einige Tage später rief eine Frau an und sagte, sie hätte die Asti gesehen und wir bräuchten keine Angst zu haben. Asti habe am Romanplatz mit Leuten an der Ampel gestanden und sobald sie gingen, marschierte sie mit. Dann bekam meine Mama wieder einen Anruf und diese Frau sagte ihr dann, sie wisse wo die Asti sei. Sie solle in die Hirschgartenallee kommen, im vorletzten Haus liege sie hinter den Aschentonnen und schlafe. Tatsächlich lag sie da wie ein Bündel Elend. Sie ließ sich ohne Weiteres anleinen und sie gingen dann zusammen nach Hause. Sie bekam eine Schüssel mit Wasser und eine mit ihrem Lieblingsfleisch. Am Wasser schlabberte sie und sprang auf ihren Platz und schlief weiter. Als am Abend jeder nach dem anderen nach Hause kam, fiel uns allen ein Stein von Herzen. Die Frau Dr. Ensle erklärte meiner Mama, die Asti habe einen Schock erlitten und es würde eine Weile dauern, bis sie wieder die Alte werde. Dann gab sie ihr noch Tabletten mit. In Leberkäs eingewickelt, waren sie für die Asti eine Delikatesse.

Eines Tages sagte meine Mama: „Ich weiß nicht, warum auf unserem Tisch ab und zu Sand liegt." Die Übeltäterin war bald entlarvt. Mama machte sich zum Weggehen fertig, die Türe schnappte zu und sie schlich leise zurück, da beobachtete sie, wie unsere Asti auf den Tisch sprang, den Kopf streckte und aus dem Fenster nach ihr Ausschau hielt. „Habe ich dich jetzt erwischt", war noch nicht ganz ausgesprochen, da kam sie schon in ihrer demütigen Haltung, die sie ja gut beherrschte, an. Mama nahm sie in die Arme und alles war gut. Als der Hanne mit Grippe und Fieber im Bett lag, beobachtete ich sie, wie sie mit den Pfoten und der Schnauze die Decke hochhob, dann ganz langsam mit einem Fuß nach dem anderen aufstieg und schon war sie verschwunden. Wir fuhren jetzt jeden Morgen zusammen mit dem Zug von Laim zur Arbeit. Er in die Schwanthalerstraße und ich in die Großmarkthalle. Mein Arbeitsgebiet wurde immer größer. Inzwischen hatte man in der Frankfurter Großmarkthalle eine zweite Firma eröffnet, deren Unterlagen bei uns bearbeitet wurden. Ganz schlimm wurde es, wenn sich das Finanzamt zur Buchprüfung anmeldete. Die konnte dann schon 14 Tage dauern. Im nächsten Jahr war dann die Lohn- und Gehaltsbuchführung mit Reisespesenkosten dran.

Krieg der Steuerberater da, so hatte er auch immer irgendwelche Fragen.

Ein zeitiges Büroende wurde selten eingehalten. Kam ich dann am Samstag so um 16 Uhr nach Hause, war der Hanne schon über alle Berge und kam erst am Montagabend wieder nach Hause. Angeblich war er bei seiner Mutter am Max-Weber-Platz. Streitereien waren die Folge, endlose Vorwürfe gingen hin und her. Wir hatten uns auseinandergelebt. Das ging schließlich so weit, dass ich seine Koffer packte und sagte, er solle verschwinden. Zuletzt wollte er sich noch von meiner Asti verabschieden, die alles mitbekam, die ich jedoch am Halsband festhielt. Dann ging er den langen Gang entlang, wurde immer langsamer und kehrte schließlich zurück. Durch lange Gespräche stellte sich auch langsam das Vertrauen wieder ein und so fanden wir schließlich doch noch zusammen.

Fast alle Importeure und Großhändler hatten damals amerikanische Autos, unsere Firma hatte drei davon, einen Buick, einen Lincoln und einen Mercury. Ab und zu, wenn mein Chef im Hause war und zur gleichen Zeit zusperrte, nahm er mich in seinem Lincoln mit in die Linhartstraße. Er wohnte mit seiner hübschen Frau und Sohn in Nymphenburg. So kam ich auch zu diesem Genuss.

Aus dem hohen Norden bekamen wir einen Mitarbeiter, der hauptsächlich für die Dreiecksgeschäfte eingesetzt wurde. Immer mehr mischte er sich auch bei uns in der Buchhaltung ein. Es kam zu Streitigkeiten, dieser Mann kam mir gerade zur rechten Zeit. Kurzerhand kündigte ich nach zehn Jahren. Diese Kündigung löste ein kleines Gewitter aus. Mein Chef meinte, alles sei nicht so schlimm, alle Unstimmigkeiten könnten doch beseitigt werden. Da erfuhr man so nebenbei, wie beliebt man eigentlich war. Ich hatte ja noch andere Hintergedanken im Kopf, also blieb es dabei. Endlich hatte ich den ganzen Ballast abgeladen und ich fühlte mich frei. Auch der Hanne stellte seine angeblichen Besuche bei seiner Mutter ein. Endlich fuhren wir auch wieder in unser geliebtes Kufstein zum Wandern, damals noch ohne Kaiserlift auf die Kaindl-Hütte über den kleinen Scheffauer nach Scheffau und vorbei am Hintersteinersee, die steinerne Stiege zum Endziel Kufstein.

In einer Anzeige wurde eine alleinige Buchhalterin bei der Firma Radio März in der Maxburg gesucht. Mit dem Besitzer Herrn März vereinbarte ich einen Termin und er erklärte mir dann, was mein tägliches Arbeitsgebiet war, vom Zahlungswesen bis zu allen anfallenden Aufgaben, die die Buchhaltung betrafen. Das war genau mein Metier, zumal ich mal eine Taylorix-Maschine sah. Mein erster Arbeitstag begann damit, Belege zu ordnen, Journale, die nicht stimmten, zu korrigieren und bei den Konten gab es ein wildes Hin und Her.

Jeden Morgen diskutierte und debattierte ich mit Herrn März, warum diese Methode und Arbeitsweise günstiger sei, so lange, bis sich dann die bessere durchgesetzt hatte. Danach hatte ich keinen einzigen Ärger mehr.

Von 12 bis 13 Uhr hatte ich Pause, dann ging ich gemütlich durch die Stadt. Ein besonderer Renner war damals die Schaschlikbude beim Franziskaner in der Neuhauser Straße. Man konnte glauben, halb München isst Schaschlik.

Dann sah ich am Marienplatz, wie die schöne Restfassade vom Kaufhaus Roman Mayer abgerissen wurde. Anschließend entstand ein hässlicher Betonklotz. Alle oder fast alle Münchner waren über diesen Frevel entsetzt. Der Mensch gewöhnt sich an alles, denn dieser Klotz steht noch heute. Schon nach einigen Monaten stellte ich fest, dass ich mit meinen Buchungsarbeiten eigentlich schon um 12 Uhr fertig war. Dabei hatte ich mir doch so eine schöne Buchführung aufgebaut. Ich war unterfordert. Da kam mir die Frau März, die an der Kasse saß, unbewusst zu Hilfe und fragte, ob ich für zwei Stunden die Kasse übernehmen könnte, da sie etwas erledigen müsste. Aus den zwei Stunden wurden dann drei und vier Stunden, dann bis zum Kassenabschluss. Ich rechnete die Devisen und das Geld bekam Herr März und ich meine Belege und die Schecks zur Aufstellung für die Bank. Ich liebte diese Arbeit, denn zu uns kam viel Prominenz. Angefangen von der Soraya, Ali Khan, dann Schauspieler und nicht zuletzt die jungen Sänger, die alle wissen wollten, wie sich ihre Schallplatten verkauften. Alles ging so harmonisch zu, keine Reibereien oder Rivalitäten. Nach Geschäftsschluss ging ich ohne Überstunden vom Lenbachplatz zum Starnberger Bahnhof nach Hause. An einem Samstag sah ich schon von Weitem am Starnberger Bahnhof alle Trambahnen auf den Gleisen stehen. Dann erfuhr ich, dass am Morgen ein Flugzeug die Spitze der Paulskirche gestreift und abgestürzt sei. Es gab viele Tote, darunter verbrannte Menschen. Es war damals für die Stadt das größte Unglück nach dem Krieg.

Bei Gelegenheit ging der Hanne zum Wohnungsamt wegen einer Wohnung. Diesmal kam er mit der Nachricht, dass ihm eine Wohnung in Fürstenried angeboten worden war. Wir kannten Fürstenried eigentlich nur, wenn wir aus Richtung Starnberg zum Kreuzhof fuhren, auf der linken Seite das Schloss und rechts Getreidefelder. Nun standen da Hochhäuser, Reihenhäuser usw.

Da im Osten die Mauer gebaut wurde und die Flüchtigen weniger wurden, hatten auch Münchner Ehepaare die Chance, eine Wohnung zu bekommen. Das Haus war dreistöckig und gehörte der Baugenossenschaft 1871. Also bezahlte er die Genossenschaftseinlage und den geforderten Baukostenzuschuss. Obwohl in seiner Firma auch Hochkonjunktur war, nahm er den ganzen Tag Bestellungen und Reklamationen auf.Wenn er sich mal Urlaub leistete, dann nur, um mit seinen Freunden, Thalmeier und Fössel, verschiedene Einbauten und Abmessungen vorzunehmen.

Auf der einen Seite war ich froh, endlich meine gesammelten Küchengeräte etc. zu benutzen, aber dann kam der Umzug.

Wir nahmen nur unsere persönlichen Dinge mit, die Einrichtung blieb in unserem Zimmer. Zum Trost besorgte ich der Familie ein Fernsehgerät und unser Techniker baute die Antenne aufs Dach. Endlich war es so weit. Zur Einweihungsfeier kamen unsere Eltern mit Asti, die Pauline und der Herbert. Ihnen gefiel die Wohnung, nur die Küche und das Bad ohne Fenster seien gewöhnungsbedürftig, für mich auch. Zum Glück hatten sie einen Abzug eingebaut. Es gab Schweizer Geschnetzeltes mit Spätzle aus meiner original schwäbischen Spatzenpresse. Dazu bereitete der Hanne die Soße. Er war der Soßenspezialist, da er sich jahrelang die Finessen bei seiner Mutter abgeschaut hatte, die einst Köchin beim bayrischen Polizeipräsidenten gewesen war. Nachmittags gingen wir spazieren, um die Umgebung zu erkunden.

Am Waldrand in Richtung Neuried kam die Asti daher, in der Schnauze etwas Zappeliges, Grünes. Ich schrie „Pfui" und der Laubfrosch verschwand im Gras. Offenbar war er nicht ihr Geschmack. Nach und nach hatten wir alle Einladungen durch, auch Hannes zwei Schwestern wurden eingeladen.

Den beiden gefiel die Wohnung nun gar nicht. Sie hatten leicht zu reden, denn die residierten ja in einer Fünf-Zimmer-Wohnung mit Wohnküche und Bad am Max-Weber-Platz.

So konnten sie, die immer eifersüchtigen Schwestern, Hanne eins auswischen.

Seinem Cousin ging es im Übrigen auch nicht anders. Da er ebenfalls zwei ältere Schwestern hatte.

Somit wurde es langsam ruhiger und wir konnten unsere Asti an den Wochenenden zu uns holen. In der Winterzeit war dann in der Ginhardtstraße Würstel- und Fernsehabend. Ich brachte vom Metzger am Alten Peter die besten Schweinswürstel mit und Papa das Bier. Dann wurde so gebrutzelt, dass man am nächsten Tag im Treppenhaus noch die Schweinswürstel riechen konnte. Die Asti drückte sich da hinein, wo sie die meisten Chancen hatte.

Weihnachten wurde natürlich auch in der Ginhardtstraße gefeiert. Es dauerte sehr lange, bis wir uns einigermaßen an Fürstenried gewöhnt hatten.

Selbst der Hanne, der normalerweise sehr kontaktfreudig war, hatte es schwer, Gesprächspartner zu finden.

Ging er mal am Samstag nach dem Spaziergang mit der Asti ins Kinostüberl, um sich zu unterhalten, hatte er auch wenig Glück. „Mit diesen Männern kannst du dich nur über Fußball und Autos unterhalten", meinte er.

In der Faschingszeit kamen wir alle zusammen. Im Löwenbräukeller spielte der Max Greger mit seiner Kapelle zu den Sportler-

bällen auf. Dazwischen trafen wir uns wie früher im Hofbräuhauskeller. Der Höhepunkt war der Faschingsball im Bayrischen
Hof, auf dem die Kapelle, „die Continentaler" aufspielte.

Der Thomas Sedlmaier, Pächter von der Aral-Tankstelle in der
Landsberger Straße, war ein idealer Gesprächspartner. Eines
Tages sagte er: „Die Frau Rüb vom Ford-Haupthändler an der
Ecke Landsberger/Fürstenrieder Straße sucht eine Buchhalte-
rin. Wäre das nichts für deine Frau?" „Fragen kann ich sie ja,
aber ich glaube nicht, sie hat ja einen schönen Posten."

Zu Hause meinte er: „Mama und Papa werden auch nicht
jünger, falls sie dich brauchen, wärst du schnell bei ihnen." Keine schlechte Idee.

Also meldete ich mich an, um mich zu informieren. Der Prokurist, Herr Scheibner, erklärte mir mein Aufgabengebiet: Kont-
rolle der Kassen, Bearbeitung der Bankkonten, Ein- und Aus-
gänge, Rechnungswesen, Kontoführung sowie Bedienung der
Buchungsmaschine bei Krankheit oder Urlaub der Kollegin.
Ohne Rückstände könnte ich meine Tätigkeit nahtlos übernehmen. Als er meine Zeugnisse und mein Geburtsdatum las, war
ihm klar, dass ich die Richtige war.

Anscheinend stellte er seine Angestellten nach den Stern-
kreiszeichen ein. Ich bat um etwas Zeit, ich würde ihm nach ein
paar Tagen Bescheid geben.

Allerdings hätte ich meine Kündigungszeit in der alten Firma einzuhalten.

Herr März war enttäuscht, als ich ihm meine Kündigung wegen familiärer Gründe bekannt gab.

Ohne Unterbrechung übernahm ich meine Tätigkeit.

Meiner neuen Chefin, der Rüb, wurde ich vorgestellt und sie
war einverstanden.

Das Volumen war natürlich x-mal umfangreicher als zuvor. Unsere Buchhaltungsabteilung bestand aus drei Perso-
nen, dem Prokurist Herr Scheibner, Frau Liebl, und ich. Zur

Firma gehörten vier Neuwagen und ein Altwagen, Verkäufer, ein Lagermeister für das umfangreiche Ersatzteillager für KFZ-Meister, die dazugehörigen KFZ-Mechaniker und die Lehrlinge. Das Zusammenarbeiten war sehr harmonisch. Ab und zu fragte Frau Rüb nach einem Kontostand. Auch bei Continental gab es eine Umstellung, sie zogen in die Dachauer Straße nach Moosach um.

Zwei Einkäufer wurden eingestellt, so konnte sich der Hanne mehr um die Beratung der Kunden und Werbung kümmern. Nach all dem Trubel nahm er sich ein paar Tage frei und fuhr in die Ginhardtstraße zum Spaziergang mit der Asti.

Unterwegs kam ihm ein Paar mit einem Roller entgegen und sie fragten, ob er ihnen helfen könne. Sie kämen von Hamburg und jetzt seien die Reifen kaputt. Sie bräuchten neue und suchten eine Werkstätte. Nichts leichter als das. Er brachte sie zum Sedlmaier. In der Zwischenzeit ging er mit ihnen zu meinen Eltern, dort konnten sie sich waschen und vom Staub befreien.

Mama brühte Tee auf und strich Brote, dabei erzählten sie, dass sie aus Kanada und auf der Hochzeitsreise, über Germany nach Italien, seien. Sie bedankten sich und luden uns ein, zu ihnen nach Kanada zu kommen. Später sagte Teddy noch, bei den Amerikanern gehöre es beim Abschied zum Ritual, dass sie einen einladen. Wer flog schon nach Amerika? Politiker, Geschäftsleute und natürlich die Amerikaner. Da der Teddy und die Shirley Boots, so waren die Namen der beiden Kanadier, schon einige Jahre die Einladungen wiederholten, entschlossen wir uns, den Flug zu wagen. Der Hanne vereinbarte mit ihnen, dass wir im August oder September 1967 kommen könnten. Leider hatte sich bei uns in der Familie einiges verändert.

Um die Mama zu entlasten, holten wir unsere Asti an den Wochenenden zu uns. Dabei sahen wir auch den Tumor, der laut Dr. Ensle inoperabel war. Eines Tages kam schon morgen von meiner Mama der Anruf, ich müsste die Asti abholen, der Tumor habe sich geöffnet und sie habe starke Schmerzen. Der Schrecken schoss mir in die Glieder und dachte an Papa, der mich damals gewarnt hatte.

Ein Verkäufer war bereit und wir holten sie ab. Dr. Ensle wusste schon Bescheid, dass wir kamen. In der Praxis standen eine Kommode und oben ein Käfig mit Mäusen. Die hin und her flitzten.

Da erwachte in meiner Asti nochmals der Jagdtrieb. Dr. Ensle tat, was sie tun musste. Ich nahm sie in meine Arme und sie träumte sich mäusejagend in den Tod.

Unsere Zusammenarbeit war fast ideal, nur bei der Einstellung hatte Herr Scheibner vergessen, dass ich ab und zu Briefe nach Diktat zu schreiben hatte.

Mein Steno habe ich seit meiner Lehrzeit nicht mehr benötigt und es war dadurch etwas holprig. Als er das bemerkte, glich er seine Schnelligkeit meiner Langsamkeit an. Da das Mahnwesen etwas vernachlässigt worden war, nahm ich mir die Freitage für die Mahnschreiben vor. Wie mir schien, wurde die Zahlungsmoral unserer Kunden besser und meine Briefe weniger.

War meine liebe Frau Liebl am Freitag mit den Buchungen noch nicht fertig, half ich ihr, die Konten und Belege einzuordnen, so konnten wir beide in unseren Vorgarten raus, um Unkraut zu zupfen, neue Pflanzen zu setzen und, je nach Jahreszeit, Zwiebel für unsere Tulpen und Narzissen.

So nahmen wir uns jeden Freitag einen kleinen Strauß Blumen mit nach Hause. Sogar die Frau Rüb lobte uns für den schönen Garten.

Als ich eines Tages vor Arbeitsbeginn ankam, sah ich schon von Weitem einen Polizeiwagen auf unserem Gelände blinken. Es war Ultimo und unser Tresor war gestohlen worden. Darin befanden sich die Tüten mit den Gehältern und Löhnen und Geldbeträge vom Vortag sowie sämtliche KFZ-Briefe der neuen und alten Autos. Alle wurden von der Polizei befragt, nur einer fehlte. Unser rühriger, fleißiger Volontär, den die Frau Rüb vor einiger Zeit eingestellt hatte. Auf Nachfrage in der Ettstraße war er dort und in Stadelheim kein Unbekannter, da er auch laut Medienberichten antike Christus- und Marienfiguren gestohlen und damit dann Handel getrieben hatte. Er wurde natürlich verdächtigt, den Tresor mit Gehilfen entwendet zu haben. Das Geld war weg und die KFZ-Briefe wurden später aus der Isar gefischt. Einige schafften es sogar bis ans Wehr in Oberföhring. Für die Löhne und Gehälter holte ich schleunigst das abgezählte Geld von der Bank, damit es unser Herr Scheibner neu eintüten konnte.

Zu Hause in der Ginhardtstraße wurde es immer trauriger.
Dem Papa ging es sehr schlecht, die ewigen Magenschmerzen machten ihm zu schaffen. Dazu magerte er immer mehr ab. Unsere Bergtouren und Wanderungen hatten wir längst eingestellt. Stattdessen steuerte der Hanne schon vor der Arbeit die Ginhardtstraße an. Holte Holzkohlen und Briketts aus dem Keller und fuhr dann weiter in die Dachauer Straße.

Da die Mama einen Arzttermin hatte, kam ich mittags schon früher. Er lag in der Küche auf dem Sofa, der Teller mit dem Grießbrei stand unangerührt auf dem Tisch. Meine Ermahnungen zu essen hatte er ignoriert. Da ich wieder zurück musste, verabschiedete ich mich und sagte ihm: „Die Mama muss jeden Augenblick kommen." Nach einigen Stunden bekam ich einen Anruf von der Pauline: „Der Papa ist gestorben. Kannst du kommen?"

Meine Mama war am Boden zerstört, als sie nämlich vom Arzt nach Hause kam, da war er bereits tot. Frau Rüb sprach mir ihr Beileid aus und der Verkäufer musste mich fahren. Inzwischen war die Familie versammelt. Zum Schluss kam noch ein alter Freund, der Attenberger Karl, der dann zu erzählen begann: „Käte, kannst du dich noch erinnern, weißt du noch?" Da erst löste sich die Starre etwas.

Später kamen dann noch vier Männer und ein letztes Abschiednehmen begann. Unsere Hausbewohner standen vor ihren Türen und sagten in Gedanken mit gesenkten Köpfen: „Lebewohl, Sepp."
Es war das Jahr 1967, der 16.2.
In dieser Nacht blieben wir bei unserer Mama. Meine Schwester erledigte mit ihr in der Damenstiftstraße die Beerdigungs-

formalitäten. Auch die Attenberger Hedwig kümmerte sich um sie, sie fuhren zusammen in die Stadt zum Einkaufen und zu Lokalbesuchen.

Langsam kehrte der Alltag wieder ein.

Durch dieses Ereignis rückte unsere Absicht, nach Kanada zu fliegen in weite Ferne. Nun, da wir sahen, dass es wieder aufwärtsging, ging es Mitte August bei schönstem Wetter los. In Island hatten wir eine Zwischenlandung, da konnten wir dann sehen, woher unser Wetter kam. Eiskalter Wind und Regen empfing uns, und wir in Sommerkleidung. Nach acht Stunden Flug kamen wir morgens in New York an. Abgeholt wurden wir von der Müller Toni, eine Freundin meiner Schwester, und deren Mann Rudi, der in Amerika als Ingenieur für die deutsche Telekom Telefone installieren ließ. Wir blieben drei Tage bei ihnen. Morgens fuhren wir in die Stadt zur Besichtigung, es war überwältigend, und am Abend kamen wir verschwitzt zurück nach Hause, dann ab in den Pool.

Dann ging es weiter mit dem Greyhound nach St. Catharines, dem Wohnsitz der Familie. Abgeholt wurden wir von Ted mit seiner kleinen Tochter Jaqueline. Sie hatten ein wunderschönes Haus mit Garten und Pool, dort wurden wir schon erwartet, zusammen mit den zwei Nachbarn, den Mac Donalds und Rosa und Sepp, die von Ebenhausen nach Kanada ausgewandert waren. Beim Abendessen wurde erzählt und gelacht, vor allem von der Rügenwalder Teewurst meiner Mama wurde gesprochen, die sie nicht kannten und natürlich von Hannes Hilfe. Schon am nächsten Tag begann unsere Besichtigung, die Niagarafälle waren nur 40 Minuten entfernt. Wir konnten uns nur sehr schwer davon entfernen, von diesem Naturschauspiel. Der Niagara, ein aus den Fällen kommender Fluss, quicklebendig mit kleinen Wellen, die in der Sonne wie Edelsteine glänzen, der flott dem Ontariosee zustrebt.

Eingerahmt wurde er am Hochufer von herrschaftlichen Häusern und uraltem Baumbestand, durch die Gischt erstrahlte die ganze Landschaft im satten Grün.

Bei der Abreise nach Montreal zur Weltausstellung sah der Hanne auf der Autokarte Petersborough und sagte zu Ted, er würde gerne einem alten Kollegen kurz Hallo sagen. Da wir sowieso einmal übernachten mussten, war es kein Problem. Nach einem kurzen Anruf dort sahen sie sich nach langer Zeit wieder und die Freude war so groß, dass aus dem kurzen Hallo Stunden wurden. Nachts um zwei brachte er uns zum Motel zurück. Alles war ruhig, lediglich der Portier wartete auf uns.

Im Montreal angekommen, wurden wir von Shirleys Brüdern empfangen. In Erinnerung von der Ausstellung blieben mir der riesige, viereckige Bau der Sowjetunion, die Weltkugel der Amerikaner daneben sowie der deutsche Pavillon mit dem bekannten Dach der Stuttgarter Architektin.

Weiter ging es zur Hauptstadt Ottawa. Hier sahen wir uns nach London versetzt, eine Parade vor dem Parlament, die Soldaten in roter Uniform und Bärenmützen erinnerten uns daran.

Bei der Rückreise kamen wir durch viele kleine Städte und Orte, alle so sauber und adrett.

Die kleinen Häuserreihen pastellfarben bemalt, mit Blumenkästen vor den Fenstern und darüber befanden sich Blumenampeln.

Manche hatten wie Peterborough einen See in der Mitte, bestückt mit Wasserfontänen.

Oft wurde Ted auch gefragt, wo er sein Englisch gelernt hatte. Aus seinen vielen Erzählungen wusste ich, dass er als Schulkind jahrelang die großen Ferien bei seiner Verwandtschaft in der Nähe von Passau verbracht hatte. Da sein Onkel Professor am Gymnasium im Kloster von Metten Deutsch und Englisch unterrichtete, lernten die Buben, sein Cousin Roland und er, beim Spielen, Wandern und Baden spielerisch Englisch.

Nach dem Krieg war er ca. zwei Jahre bei einer amerikanischen Behörde tätig gewesen. Dort eignete er sich amerikanische Spracheigenschaften an, die man in einer Schule nicht lernt.

Langsam ging der Urlaub zu Ende. Am Tag der Abreise hielt der Hanne vor versammelter Mannschaft eine Abschiedsrede, bedankte sich für die Gastfreundschaft und die vielen Einladungen, besonders bei Les und Marylin, bei denen wir zwei Tage in Wellend verbracht hatten.

Wir packten unsere Koffer und Ted brachte uns zum Flughafen nach Toronto.

In New York angekommen, wurden wir vom Müller Rudi empfangen, unsere Einkäufe mussten noch verstaut werden. Darunter waren auch karierte Shorts, die bis fast zu den Knien reichten, und er sagte dazu, dass die uns zu Hause alle auslachen würden. „Wirst schon sehen, in ein bis zwei Jahren sind die bei uns auch aktuell." Wie recht er hatte!

Ein paar Gläser Erdnussbutter waren auch mit dabei.

Am nächsten Tag schon um 6 Uhr flogen wir bis nach Island. Die nächste Station war München Riem und die Erde hatte uns wieder. Mit dem Taxi ging's nach Fürstenried. Nach dem ruhigen Dahingleiten auf den Kanadischen Highways glaubten wir, an einem Kamikazerennen teilzunehmen.

Als wir eines Tages vom Urlaub an den Balaton in Ungarn in die Ginhardtstraße zur Begrüßung kamen, sprang uns ein braunweißes Etwas an der Türe an.

Mama lachte wieder und freute sich über die gelungene Überraschung. Er sei ihr als braver folgsamer Hund empfohlen worden.

Sein Name war **Tobby**.

Und er war ein King Charles Spaniel mit Zusatz Namen Blenheim, weil er rotbraun und weiß war.

Vor Freude vergaßen wir glatt, unsere mitgebrachten Reherl, Pilze, die es in Ungarn massenhaft gab.

Sie hatte auch wieder Freude an Ausflügen und unser Hanne war reichlich an Einfällen. So besuchten wir jedes Wochenende ein Kloster.

Dabei wurden die Klostergaststätten besonders geschätzt.

In Erinnerung blieb mir Maria Einsiedel mit der wunderschönen Abteikirche.

Sowie St. Blasien mit dem zweitgrößten Kuppelbau nach dem Vatikan am Fuße vom Schwarzwald.

Waren wir länger unterwegs, schlief der Tobby nachts in Mamas Koffer, damit sie ihm nicht abhauen konnte.

Dann unternahmen wir einen Pfingstausflug nach Bibione. Am Sonntag fuhren wir nach Venedig.Wir kamen durch enge Gassen, vorbei an kleinen Plätzen und Brücken mit Treppen. An den nächsten Ecken hofften wir rauszukommen, aber jedes Mal sahen wir den Canal Grande. „Nun hilf uns, wir wollen hier raus", sagte meine Mama. Stillschweigend übernahm Tobby die Führung und nach kurzer Zeit standen wir auf der Rialto-Brücke. Leicht tätschelte sie ihn und sagte: „Du bist doch der Beste. Ich habe einen riesigen Durst." Nach einer Erfrischung fuhren wir zurück nach Bibione und alles war wieder gut.

Inzwischen hatte Hanne, außer Holz und Kohlen zu holen, auch mit dem Tobby morgens Gassi zu gehen. Damit die Mama nicht zu früh aufstehen musste. „Sie wird ja auch nicht jünger und was werden wir mit unserem Tobby machen?", fragte ich ihn bei Gelegenheit. „Du weißt doch, dass die Thalmeier Marianne seit einiger Zeit halbtags arbeitet, könntest du dich auch damit anfreunden?" Bei Frau Rüb fragte ich, ob ich bei ihr halbtags arbeiten könnte. Sie lehnte jedoch ab, da sie sonst noch jemanden hätte einstellen müssen. Das Weggehen fiel mir auch nicht so schwer, weil Herr Scheibner schon in Rente war und meine Frau Liebel fand eine Stelle in ihrer Nähe, in Gilching.

Nun suchte ich eine Tätigkeit rund um den Romanplatz, einfach war das nicht. Nur von den Barmherzigen Brüdern erhielt ich die Zusage, halbtags zu arbeiten, sollte der befürchtete Fall eintreffen.

Am letzten Tag des Jahres fuhren wir zu einer Silvesterfeier an den Milstätter See. Als wir ankamen, war die ganze Gegend wunderbar mit Raureif bedeckt. Auf den Straßen waren nur noch Schneereste vorhanden. Nach einem weihnachtlichen Theaterstück und einem Essen im Hotel konnte die Feier mit Tanz und

Geschichten über Weihnachtsbräuche beginnen. Als wir nach 12 Uhr die Raketen bestaunten und uns allesamt ein gutes neues Jahr wünschten, waren inzwischen mindestens 20 cm Pulverschnee gefallen. Eine Märchenlandschaft, wie wir sie noch nie gesehen hatten. Unser Tobby wälzte sich im Schnee und rannte hin und her wie ein Wilder. Dann kamen vier Männer und brachten auf einer Platte einen riesigen Schweinskopf. Viele wussten nicht, was das sollte, der Meinige schon. Er schnappte sich einen Teller und ein Messer und schnitt sich die besten Stücke ab. Es waren die Backen. Es war in der Gegend Brauch mit dem Schweinskopf zu Silvester.

Nach dem Frühstück fuhren wir, zwar mit einigen Schwierigkeiten, über Cortina nach Hause. Mama sagte, es sei ihr schönstes Silvesterfest gewesen.

Am 1. April 1974 trat ich meine neue Stelle in der Rechenabteilung im Krankenhaus der Barmherzigen Brüder an. Dies hielt uns allerdings nicht davon ab, die Pfingstfeiertage in Bad Ischl zu verbringen. Alle Wiesen und Hänge waren weiß von blühenden Narzissen.

Später sprach man dann von den Narzissen-Fahrten und der Ansturm darauf war groß. Wir besuchten auch das Sommerschloss des Kaisers Franz Josef mit dem geheimen Durchgang zur Schauspielerin Schrat. Die jedes Wochenende seinen geliebten Gugelhupf gebacken hatte. Auch die Villa von Franz Lehar, wo er seine berühmten Operetten schuf, besichtigten wir und dazwischen immer wieder schöne Spaziergang in dieser Landschaft.

Unser Tobby, unser Schlingel, nutzte jedes Bächlein zum Baden. Sobald er eine Wirtschaft roch, war es Zeit zum Essen oder Kaffeetrinken. Dann fiel uns auf, dass der Appetit von unserer Mama nicht sehr groß war und sie immer wieder leise über Magenschmerzen klagte. Als ich in der Mittagspause zu ihr kam, ging sie mir schon mit heftigen Schmerzen in der ganzen Magengegend entgegen. Schnell packte ich einige Dinge zusammen und wir fuhren ins Krankenhaus. Sie wurde aufgenommen und ich erledigte das Schriftliche. Dann kam sie in die Interne Abteilung auf die Station 7 und, Gott sei Dank, wurde sie von den Ärzten versorgt. Dann telefonierte ich mit Hanne, informierte ihn über das Nötigste und dass er sich um Tobby kümmern müsse. Später telefonierte ich mit meiner Schwester und sie kam sofort.

Sie blieb auf Station. Als ich am nächsten Tag aus der Mittagspause zu ihr kam, blieb ich bei ihr auf der Station, bis sie die Mama zu Untersuchungen abholten. Nach einer nochmaligen Untersuchung in der Röntgenabteilung belauschte ich ein Gespräch der beiden Ärzte. Daraus entnahm ich, dass da nichts mehr zu machen sei. Ein niederschmetterndes und nicht beschreibbares Gefühl erfasste mich.

Dann flüchtete ich in mein Büro. Kein Wort des Trostes, auch nicht von Frater Benno, schließlich starben ja jeden Tag Leute in Krankenhäusern. Bis die Schwester Else kam, die in den Raum schrie: „Wo bleiben Sie denn? Ihre Mutter stirbt und Sie arbeiten hier noch?" Als ich kam, war sie bereits in einem kleinen Zimmer untergebracht worden. Damit sie nicht merken sollte, wie aufgewühlt ich war, sagte ich zu ihr: „Mama, wir werden Weltmeister."

Wie mir schien, kam ein freudiges zaghaftes Ja über ihre Lippen. Mein Onkel Peppi meinte, dass dies jetzt gar nicht angebracht wäre. Aber sie verfolgte doch jedes Spiel und die Mama interessierte das. Dann flüsterte sie mir ins Ohr, dass ich in die Nähmaschine schauen solle. Der Pfarrer des Krankenhauses erschien dann zu einer kleinen Andacht. Langsam leerte sich das Zimmer und wir zwei, Pauline und ich, waren allein mit ihr, bis sie den letzten Atemzug tat. Plötzlich merkte ich, wie sich meine Sehnen, Muskeln und Nerven entspannten, der Körper wurde ganz leicht. Sie hatte mich losgelassen oder umgekehrt. Mit Lichtern und Blumen nahmen wir Abschied von ihr. Es war der 5.7.1974, halb 8 Uhr abends. Nach einem Magendurchbruch. Uns aber blieb nur übrig, das Erbe unserer Mama abzuholen. Nach einem Blick in die Nähmaschine fand ich Geldscheine darin. Es war das Geld, das ich ihr jeden Monat für unser Mittagessen gegeben hatte. Mit Pauline erledigten wir in der Damenstiftstraße das Amtliche. Nach einiger Zeit räumten wir die Wohnung, nochmals ein trauriger Anlass, das Ende unserer Ginhardtstraßenzeit.

Nach 14 Tagen erschien ich wieder an meinem Arbeitsplatz, diesmal in der Patientenaufnahme von 7 bis 12 Uhr.

Da es viel zu schreiben gab, brauchte ich kurze Zeit, mich an die Schreibmaschine zu gewöhnen, der Umgang mit dem Personenverkehr gefiel mir sehr. Patienten aufzunehmen, dazu die Krankenakten anzulegen und an die Ärzte auf den zuständigen Stationen zu verteilen. Um 12 war dann Schluss und ich konnte nach Hause zu meinem Tobby. Dort wartete auch schon meine Nachbarin, die Frau Breit, mit ihrem Dackel Wacke, um spazieren zu gehen. Eines Tages fingen wir an, die Hinterlassenschaften – auch die der anderen – mit Schaufel und Tüten heimlich einzusammeln. Die brachten wir dann, meistens an den Hecken verteilt, neben der Autobahn unter.

Auch im Regen und Schnee im Winter wurde dieser Dünger der Muttererde zugeführt, meist im Frühjahr striegelten wir unsere Hunde gerne in der Nähe des Friedhofs. Die Haarbüschel verteilten wir auf Sträucher und es dauerte nicht lange, da kamen schon die ersten Vögel, um ihre Nester damit auszupolstern.

Endlich konnte der Hanne seinen Vorlegeteppich fertigstellen, mit dem er mit der Mama im Wettbewerb gelegen hatte. Natürlich war die Mama eher damit fertig gewesen, da sie viel mehr Zeit hatte. Außerdem musste er auch immer wieder seine Wasserblasen am Daumen und an den Fingern behandeln.

Dann brach in München das Strickfieber aus, ob in Bus und Bahn, Tram oder in Parks. Überall sah man Frauen beim Stricken oder Häkeln. Bei uns zu Hause natürlich auch. Im Laufe der Zeit brachte ich es für den Hanne auf drei Trachtenjacken, drei Westen für warme Tage und auch für mich auf etliche Pullover und Jacken.

Waren wir bei den Thalmeiers, so hatte sie immer neue Muster bereit. Je komplizierter die waren, umso kurzweiliger die Arbeit.

Da hatte Hanne die Idee, ob er das wohl auch lernen könnte. Ich lachte ihn dafür aus, du und stricken ha, ha, ha. Dann löste er lieber seine Kreuzworträtsel oder las Bücher, meist Reisebeschreibungen.

Nach unseren Hausarbeiten gingen wir ab und zu am Samstag zum Essen, in die Schweige. Unser Tobby lag schlafend unter der Bank. Da kam ein Mann mit seinem Kurzhaardackel herein. Dieser strebte zielstrebig durch die Gaststätte und stürzte sich auf unseren Tobby. Bis wir ihn vertreiben konnten, hatte unser Tobby bereits ein blutendes Ohr. War das ein Schreck!

Öfters besuchten wir meine Schwester und den Herbert an den Sonntagen. Dann kochten wir zusammen und gingen anschließend spazieren. Oft von der Waisenhausstraße am hinteren Kanal entlang bis zum Olympiagelände, auf die aus dem Münchner Kriegsschutt künstlich angelegten Berge.

Wieder an einem Samstag saßen wir beim Essen in der Schweige, unser Tobby wie immer unter der Bank, da kam doch wieder der Dackel mit seinem Herrli.

Auf diesen Moment hatte anscheinend unser Tobby gewartet. Er stürzte sich auf ihn, legte ihn auf den Rücken und attackierte ihn. Jaulend floh der Dackel an seinen Platz.

Unser Tobby kam siegesbewusst und schwanzwedelnd zu uns. Leise lobten wir ihn und waren stolz über seinen Mut. Die Revanche hatte gesessen.

Eines Nachts klingelte das Telefon und der Steve, ein Bruder von Shirley, rief aus Kanada an. Nach der Begrüßung fragte der Hanne, ob er wisse, wie spät es bei uns sei. Ungeachtet dessen berichtete er, sie seien vor einigen Jahren nach Vancouver nach British Columbia gezogen, da der Arzt seiner Frau Sandra, die an Asthma erkrankt war, die Luftveränderung empfohlen hatte.

Es sei so wunderschön dort und er und lud uns ein, zu ihnen nach Nord Vancouver zu kommen. Man glaubt es nicht, mitten in der Nacht entwickelte Hanne schon Pläne. „Lass uns jetzt schlafen und morgen reden wir weiter." Nach mehreren Telefongesprächen, bei denen wir die Urlaubszeit abstimmten, nahm

Pauline unseren Tobby, dies alles musste geregelt werden. Dann flogen wir nach San Francisco. Am Flughafen erwartete uns ein alter Kollege aus der Behördenzeit mit Hanne. Mit ihm besichtigten wir die Stadt, auch das Chinesenviertel, den Fischmarkt und fuhren mit der alten Straßenbahn und mit dem Schiff zu der Alcatraz-Insel. Nach zwei Tagen brachte er uns zum Onkel Willi nach Carmel. Der Onkel Willi von Hanne war schon lange vor dem Krieg nach Amerika ausgewandert. Carmel ist eine wunderschöne Kleinstadt, sehr sauber, hat wunderbare edle Geschäfte und ist überall mit Blumen geschmückt. Das Schönste aber ist eine uralte Pinienallee mit geschlossenem Blätterdach, die sich zum Meer öffnet. Mit einem zauberhaften Blick auf den Pazifik. Wir blieben zwei Tage bei Onkel Willi und seiner amerikanischen Frau. Dann fuhr er uns mit seinem Mercedes inklusive Dackel, ein Tribut an seine alte Heimat, nach San Francisco zurück. Mit dem Greyhound-Bus fuhren wir, um wenigstens einen kleinen Teil dieses weiten Landes zu sehen, auf der Route 1. Am Pazifik entlang erstreckt sich Kalifornien weit nach Norden. Im Inneren des Landes riesige Plantagen und Anbauflächen. Nach dem Staat Oregon folgte Seattle, hier übernachteten wir im Motel. Vom Hotelier erhielten wir Bade- und Waschzeug und konnten uns im Pool erfrischen. Am Morgen standen unsere Koffer einsam an der Station. Der Fahrer verstaute sie und die Fahrt ging weiter nach Washington State, mit der Hauptstadt Olympia. Hier ragten die Drei- und Viertausender in die Höhe.

Die Grenze nach Kanada war erreicht. Spät am Abend kamen wir in Vancouver an. Ein Telefongespräch mit Steve und der holte uns ab. Die beiden Männer hatten sich schon in Montreal gut verstanden, dementsprechend war auch die Begrüßung. Sandra, seine Frau, war eine ganz Liebe. Sie bereitete derweil riesige Steaks zum Grillen vor. Da kam unser Geschenk gerade gut an. Zwei Schürzen mit bayrischen Motiven, Grillbesteck, Handschuhe und ein Maßkrug mit Zinndeckel. Das Haus am Waldrand mit mächtigem Baumbestand liegt in Vancouver.

Schaute man morgens aus dem Fenster, sahen wir schon eine Waschbärenfamilie, die sich ihr Frühstück aus den Tonnen abholte. Laut Steve seien sie sehr wählerisch und suchten sich das Beste. Ging man eine Stunde weiter in den Wald, erschien eine Hängebrücke über eine tiefe Schlucht mit rauschendem Wasserfall. Zusammen erkundeten wir die Stadt. Besonders die Wasserflugzeuge, die den Norden des riesigen Landes versorgen, hatten es uns angetan. Da er wieder seine Tätigkeit als Verkäufer von Wohnwagen aufnehmen musste, unternahmen wir selbstständig unsere Touren mit der Bahn. Dabei sahen wir Indianerdörfer mit mächtigen Totempfählen. Wollten wir sie fotografieren, wandten die Menschen ihre Köpfe ab. Ein alter Aberglaube sagt, es würde Unglück bringen.

Auch sahen wir viele Chinesen, deren Vorfahren früher nach Jade geschürft hatten. Spät am Abend kehrten wir zurück, unsere Gastgeber hatten schon geglaubt, wir seien verloren gegangen. Dann fuhren wir mit dem Schiff nach Vancouver Island. Begleitet wurden wir in einiger Entfernung von einem Schwarm Delfine, die dann in der Weite des Pazifiks verschwanden. Die Insel ist ein Paradies. Wunderschöne Gartenanlagen, traumhafte Häuser und herrliche Ausblicke aufs Meer. Abends tanzten wir auf Indianisch und hatten eine Menge Spaß dabei. Von irgendjemandem wussten sie, dass es bei uns Leberknödel gibt. Sandra fragte mich, ob ich welche machen könnte, natürlich konnte ich. Wir fuhren in den Supermarkt und kauften alles, was man dazu benötigt. Einschließlich Majoran und Knoblauch. Dann kauften wir ihnen gleich einen großen Wagen voll Lebensmittel zur Auffüllung der Kühltruhe.

Als ich nach der Garzeit den Deckel öffnete, sah ich statt der Knödel nur einen Brei. Meine bayrischen Leberknödel mochten das kanadische Weißbrot nicht und hatten sich aufgelöst. Da hatte der Hanne, ein paar Tage später, mit seiner Schweinshaxe in dunkler Biersoße mit Kartoffelknödeln und Kartoffelsalat, mehr Glück. Übrigens, das Asthma von Sandra war nach einigen Jahren fast verschwunden. Da die Fluglotsen streikten, mussten wir leider schon einige Tage früher abreisen. Der Abschied fiel uns nicht leicht. Die beiden waren so lieb und wir hatten sie in unser Herz geschlossen. Von Vancouver aus bestellten wir uns ein Appartement in einem Hotel in der Nähe des Flughafens von Los Angeles. Dann fuhren wir mit einem Schlaf-, Speise- und Gesellschaftswagen für Spiele und Unterhaltung Richtung Süden.

Inmitten der weiten herrlichen Landschaft tauchten zwei Vulkanberge auf. Der eine mit Namen Mount Renée. Jahre später brach er aus und spuckte tagelang Lava, Feuer und Asche.

Zu den jeweiligen Essen kam der Zugsteward und holte uns ab. Daher gab es auch kein Gedränge. Plötzlich klapperte es und der Zug kam zum Halten.

Anscheinend fuhren wir über Holzstämme, der Hanne lief zur Aussichtsplattform und als er zurückkam, sagte er: „Du darfst jetzt nicht darüber erschrecken, was ich dir sage." Wir waren nicht über Holzstämme gefahren, sondern über einen Mann, der sich das Leben genommen hatte.

Daraufhin wurde mir schlecht und meine Knie fingen an zu zittern. Es brauchte lange, bis er mich beruhigt hatte. Es dauerte eine Stunde, bis sich der Zug wieder in Bewegung setzte. Wir fuhren zwei Tage und eine Nacht. Als es schon dunkel war, erschien das Lichtermeer der Stadt Los Angeles. Ein Taxifahrer nahm unsere Koffer und fuhr mit uns ewig lang, bis wir endlich im Hotel ankamen. Der Hanne glaubte, er habe noch einige Umwege gedreht, um seinen Taxameter zu füttern. Am nächsten Tag fuhren wir zu den Universal Studios. Hier trafen wir auf alte Requisiten wie den weißen Hai, einstürzende Brücken oder schießwütige Cowboys. Die Führung übernahmen altgediente, aber uns unbekannte Schauspieler in den jeweiligen Kostümen. Von der Café-Terrasse aus hatte man eine tolle Aussicht auf den Pazifik. Am Nachmittag genossen wir noch die kalifornische Sonne am Pool des Hotels.

Schon am nächsten Tag starteten wir in Richtung New York. Nach einer Zwischenlandung ging es weiter über New Brunswick und Neufundland. Dann wurde es Nacht und der Orion strahlte am Himmel. Irgendwann sahen wir die Sonne aufgehen. Was für ein herrlicher Anblick.

Nach einem langen Flug kamen wir am Erdinger Flughafen an und wurden von Herbert schon sehnlichst erwartet. Pauline freute sich über unser gesundes Heimkommen. Unser Tobby wedelte zuerst zaghaft, dann freudig, es nahm kein Ende, dabei erzählte uns die Pauline eine nette Geschichte. Nach einem langen Spaziergang wollte Tobby später nochmals hinaus und sie tat ihm den Gefallen. Er führte sie am Kanal entlang, über die Nymphenburger Brücke in Richtung Romanplatz. Plötzlich fiel es ihr wie Schuppen von den Augen, der wollte vielleicht zur Ginhardtstraße oder gar die lange Fürstenrieder Straße entlang nach Fürstenried. Schleunigst machte sie kehrt und ging mit ihm zurück. Was er auch dachte, wer weiß das schon! Dann wurde es Zeit, nach Hause zu fahren. Wir packten die Koffer und unseren Tobby, dann ging es Richtung Fürstenried und der Alltag hatte uns wieder.

Im Krankenhaus lief es wie immer von 7 bis 12 Uhr. Ab und zu nahm ich mal einen Schauspieler stationär auf, den ich schon bei der Firma März an der Kasse bedient hatte. Bei Hanne häuften sich langsam die Überstunden. Wenn zum Beispiel die Fahrer später ankamen, hatte er mit ihnen abzurechnen und Anweisungen für den nächsten Tag zu geben.

Den lieben langen Tag telefonierte er, nahm Bestellungen auf, um dem Lager Anweisungen zu geben. Zweimal im Jahr durfte er mit seinem Chef nach Hannover zu Tagungen fahren, denn zwei Köpfe merkten sich mehr als einer.

Mit Frau Breit zusammen gingen wir wie jeden Tag entlang der Autobahnen bis nach Forstenried oder im Forstenrieder Wald spazieren. Im Laufe der Zeit wurden die Spaziergänge immer kürzer, aber die Besuche bei Doktor Ensle häufiger.

An einem Samstag, die Thalmeiers waren bei uns, hatte Tobby nach einem kurzen Rundgang wahnsinnige Atembeschwerden. Völlig erschöpft lag er da und ich konnte ihm nicht helfen. Da die Frau Dr. Ensle auch an Wochenenden für ihre Tiere da war, genügte ein Anruf mit der Bitte, ihm Erleichterung zu verschaffen. Beide, der Herbert und Hanne, fuhren los. Als sie nach Stunden und mit verweinten Augen nach Hause kamen, hatten wir unseren Tobby nicht mehr. Laut Dr. Ensle war die Erbkrankheit schon so weit fortgeschritten, dass eine weitere Behandlung sinnlos gewesen wäre.

Die Folge war, dass wir an den Wochenenden immer wieder Bilder anschauten und dabei schon mal die Tränen flossen. Ebenfalls an einem Samstag, die Hausarbeit war getan, fragte Hanne, ob ich zum Irschenberg mitfahren wolle. Er müsste dort zu einem Autohändler wegen einer Differenz beim Reifenkauf. Als wir ankamen, war da kein Autohaus, sondern ein Gebäude und am Zaun ein Rudel bellender Kings Charles. King Charles in allen Farben. Also darum hatte er schon längere Zeit heimlich Anzeigen gelesen.

Von einer etwas Älteren mit schönen braunen und lebhaften Augen wurden wir neugierig von Ferne betrachtet und vom Züchter nach unserer Favoritin gefragt, sagte er: „Das es ist die Wenta von der Rottau, ich nenne sie **Lullu**."

Sie hatte den Beinamen Tricolor, da der Rücken vom Kopf bis Schweif glänzend schwarz war, der Bauch und die Beine weiß waren, ebenso die mittlere Hälfte vom Schweif.

Die Augenbrauen waren rotbraun und das Innere des Ohrgehänges war ebenfalls rotbraun gefüttert. Der weiße Strich von der Nasenwurzel bis zum Kopf war typisch für diese Rasse. Mit dem Züchter kamen wir überein und fuhren mit unserer Lullu auf meinem Schoß nach Hause.

Zu Hause angekommen, schnüffelte sie sich den Weg entlang und blieb in der Nähe des Eingangs stehen. Unsere neugierige Nachbarin beobachtete uns vom Fenster aus. In der Wohnung schnüffelte sie weiter, vermutlich fand sie noch Spuren ihres Vorgängers. Dann gab ich ihr das Fleisch, das mir der Züchter zusammen mit einer Tüte Leckerli mitgegeben hatte. Gemütlich schmiegte sie sich auf ihrem Sofa in die Ecke. Es dauerte nicht lange und die Frau Breit kam mit ihrem Wacki an. Mit einem

Ruck stand Lullu breitbeinig auf dem Sofa, bellte und knurrte wie eine Wilde den Wacki an, als wollte sie sagen: „Diesen Platz habe ich mir gerade erobert, da kommst du nicht rauf." Da verkroch er sich. Später, als wir alle zusammen unsere Runde und unseren Orientierungsgang machten, hatte sie auf neutralem Boden nichts mehr gegen ihn. Sie scherzten sogar miteinander.

In weiser Voraussicht hatte der Hanne aus seinem Überstundentopf einige Tage freigenommen, um ihr das Alleinsein am Vormittag beizubringen. Den restlichen Teil der Woche übernahm ich dann. Nach einiger Zeit klappte es recht gut. Sie wusste dann, dass ich mittags erschien. Frau Breit wartete schon und wir gingen unsere bekannten Wege. Allerdings war Lullu eine Spielernatur. Vom Ballwerfen konnte sie nie genug bekommen. Waren wir im Wald, waren es Tannenzapfen.

Bei einem Ausflug nach Leutstetten hatten wir auch ein nettes Erlebnis. Zufällig saß neben uns ein Ehepaar, ebenfalls mit einem Hund unter dem Tisch, der fleißig an einem riesigen Knochen nagte. Unsere Lullu schaute ihm dabei geduldig zu. Plötzlich sprang er auf, lief zum Eingang, um einen Hund zu verbellen. Als er zurückkam, war sein Knochen weg. Erstaunt sprang er auf seinen vier Pfoten mal nach links, mal nach rechts, sah seinen Knochen – und machte gar nichts. Schließlich wusste er, dass seine Artgenossin teufelswild werden konnte, wenn man ihr etwas wegnahm. Als sie dann das Interesse daran verlor, holte er ihn sich zaghaft zurück.

Auch saßen wir an Sommerabenden gerne im Maxhof-Biergarten zusammen mit den bekannten Familien Rotter und Reisch. Diese schwärmten uns von ihrem Urlaub in Italien vor. Sie hätten eine Pension in Lignano Sabbbiadoro, ein Haus mit Appartements, kein Aus- und Umziehen mehr, um zum Essen zu gehen, wie in den Hotels.

Wäre das nichts für euch? Da wir lange nicht mehr in Italien gewesen waren, war der Vorschlag nicht schlecht. Ein Anruf bei den Pensionsinhabern von Herrn Rotter hatte Erfolg. Da der Hanne die Fahrt über den Brenner nicht mochte, hatte er für uns eine andere, zwar längere, aber viel schönere Anfahrt ausgesucht. Vom Achensee über den Zirler Berg, Felbertauerntunnel nach Osttirol. Da wusste er eine Geschichte aus der Zeit Maria Theresias. Diese schickte ihre gefangenen Diebe und Verbrecher in steinreiche Täler zum Steineklopfen für ihre Straßen in Wien. Eines der Täler war in Osttirol. Da man damals die Gefangenen als die „Verreckten" bezeichnete, nannten es die Einheimischen das verreckte Tal.

Weiter ging's über den Gailbergsattel zur Auffahrt zum Plöckenpass.

Eine einmalige schöne Gegend und die Aussicht herrlich, außerdem waren fast keine Autofahrer unterwegs. Am Tagliamento vorbei, ging nun die Fahrt stetig bergan. An einer größeren Querstraße bogen wir rechts nach Latisana ab.

Von hier aus war es noch ca. eine halbe Stunde bis nach Lignano Sabbiadoro.

Hinter mir streckte und räkelte sich unsere Lullu, atmete die Adrialuft ein. Wir waren angekommen. Von unserer Münchner Gesellschaft erwartungsvoll begrüßt, bekamen wir dann unser Appartement. Es lag im ersten Stock, hatte zwei große Zimmer mit Bad. Das eine war ausgestattet mit einer Küchenzeile, einschließlich Besteck, Geschirr, Kaffeemaschine und Küchengeräten. Kaum ausgepackt, kam schon der Herr Rotter an, um uns zur Ungarin zum Essen abzuholen. Sie war uns bereits durch seine Erzählungen bekannt. Besonders wegen ihrer original ungarischen Gulaschsuppe, aber auch wegen der Pastasciutta und der besten Pizzen war sie gefragt. Das Lokal war immer bis zum letzten Platz voll. Auf dem Weg dorthin hieß es dann: „Da geht's zum Bäcker und dorthin zum Alimentari für Fleisch und alle Lebensmittel." Für mich und besonders unsere Lullu waren die wilden Sträucher und Wiesen, die es reichlich gab, wichtig. Dann verbrachten wir den Tag zusammen am Strand, gingen schwimmen oder spielten Handball. Die gewollten Fehlpässe landeten im Wasser. Die Lullu tauchte ab und brachte den Ball zurück. Auch die Christine und der Kurti, die Rotter Kinder, hatten viel Vergnügen mit ihr. Oft spazierten wir am Strand entlang bis zur nächsten Ortschaft. Einmal die rechte

Seite hinunter, dann nach links, wobei die Bälle flogen. Hatte sie doch mal genug, wälzte sie sich im Sand, dann sah sie, laut Hanne, wie ein Streuselkuchen aus. Meistens gingen wir am späten Nachmittag zum Markt. Die Angebote waren zu verlockend. Die Taschen, Schuhe, die bunten Seidentücher, der Modeschmuck, besonders die Ohrclips zogen mich an. Für die Männer gab es jede Menge Ledergürtel und Krawatten, auch die Glaswaren und Keramiken lockten zum Schauen. Einmal im Urlaub gönnten wir uns alle in einem Drei-Sterne-Lokal in Latisana ein Fünf-Gänge-Menü. Einige Abende verbrachten wir beim Grillen auf unserem Flachdach. Da hatte es unsere Lullu besonders gut. Von jedem erhielt sie Würste, denn Hunger hatte sie immer. Am letzten Tag wurde dann im Waschhaus alles gewaschen. Badezeug und die Decken unserer Lullu. Sie trockneten dann an der italienischen Sonne. Für unsere Kühlbox kauften wir das einmalige gute Rindfleisch und Würste. Aus einem Jahr Lignano wurden dann sieben Jahre.

Schon im nächsten Jahr wurde unsere Lullu bei der Abbiegung Latisana wach und wusste, wo es hinging.

Auch die Heimfahrt konnte recht lustig werden. Kamen wir nach Tirol, so hörten wir wie zufällig den Trentiner Chor „La Montanara" singen. Kamen wir nach Österreich, „O, du mein Österreich". Hörten wir aber Lieder aus dem Musical Cats, konnten wir beide herzhaft weinen. Der Hanne meinte dann, er hätte nur aus Sympathie mitgeweint. Legten wir eine Pause ein, so brachten wir unsere Lullu nur schwer aus dem Auto. Nach dem Motto: Wenn es euch gefällt, tue ich euch den Gefallen. Schließlich träumte sie weiter, bei der Ausfahrt Neuriederstraße wachte sie dann auf. Wir waren wieder zu Hause und unsere Frau Breit begrüßte dann eine ranke, schlanke Lullu mit glänzendem Fell.

Im Frühjahr hatten wir ein Telefongespräch mit Les und Marilyn aus Kanada. Sie beabsichtigten eine Europareise, dabei hätten sie auch einen Aufenthalt in München eingeplant. Selbstverständlich freuten wir uns über ihr Kommen, zumal wir ja schon '73 zur Hauseinweihung drei Wochen bei ihnen verbracht hatten. Sie waren damals von Wellend nach Font Hill in ein größeres Haus gezogen, da lernten wir dann ein anderes, aber genauso schönes Ontario kennen. Der Hanne erledigte das Übernachtungsproblem damit, dass er im Olympia Hotel in der Maxhofstraße für zehn Tage ein Appartement mietete, so konnten wir gleich nach dem Frühstück zu unseren Touren aufbrechen. Der Hanne machte den Stadtführer. Vom Friedensengel aus ging es kreuz und quer, wir besuchten unter anderem das Deutsche Museum, die Schatzkammer, die Asamkirche, den Viktualienmarkt, am Petersbergl die Metzgerläden und erklärten ihnen, warum sie dort angesiedelt waren. Und sie bestaunten die Vielfalt unserer Würste. Im Hofbräuhaus bestellte Les sich Sauerkraut mit Schweinshaxe. So etwas bekam er zu Hause so gut wie nie. Marylin probierte alle Würste aus. Dann fuhren wir in unser schönes Isartal und nach Hinterbrühl, auch das war München.

Einen Besuch im Nymphenburger Schloss verbanden wir am Nachmittag mit einem Abstecher bei Herbert und Pauline zum Kaffee. Dann fuhren wir ins Kloster Ettal, besuchten die Königsschlösser und die Wieskirche, dann planten wir einen kurzen Besuch bei den Thalmeiers am Tegernsee, Rottag-Egern. Schloss Herrenchiemsee durfte natürlich auch nicht vergessen werden. Als Les uns später ein Bild in Größe eines Gemäldes im Schloss Schleißheim schickte, staunten wir nicht schlecht darüber, dass wir beide in Weiß und Blau angezogen waren, die bayrischen Farben. Es war ein reiner Zufall. Am wichtigsten war unsere Lullu, immer voran, wie sie sich zum Fotografieren stolz positionierte. Schnell waren die zehn Tage vorbei. Wir fuhren sie nach Erding zum Weiterflug nach Italien. Besonders bedankten sie sich, als ihnen der Portier des Hotels sagte, es sei bereits alles erledigt. Die Freundschaft zu Les und Marylin hielt jahrzehntelang. Jährlich flogen einige Briefe hin und her. Bei Ted und Shirley lief die Ehe leider nicht so rund. Sie ließen sich nach einigen Jahren scheiden.

Schon vor einiger Zeit hatte ich mir gedacht, statt immer nur Haferflocken, Nudeln und ab und zu einen übrig gebliebenen Pfannenkuchen, den mochte sie besonders gern, könnte ich mal als

Abwechslung in ihre Suppeneinlage Reis geben. Als Fleisch bekam sie Suppenfleisch, Hühnerstücke oder Hühnermägen. Auch das Gemüse wurde abwechselnd geändert. Als sie dann aus der Küche kam, schaute sie mich an. Ich hatte in der Zwischenzeit schon wieder ein paar Runden gestrickt. „Hast du noch Hunger?", frage ich und ging in die Küche. Ich traute meinen Augen nicht. Rund um ihren Napf hatte sie den Reis wie einen Kranz geformt. „Dieses Kunstwerk müssen wir dem Hanne zeigen." Als er kam, wurde er wie immer begrüßt und ich sagte: „Schau in die Küche, was sie da fabriziert hat. Ein kleines Wunderwerk!" Die restlichen sechs Vorratsschüsseln erhielt der Wacki.

Dann wurde sie vergiftet.

Als ich mittags nach Hause kam, war alles voller Blut. Es kam stoßweise aus der Schnauze und von hinten. So schnell ich konnte, suchte ich in der Nähe einen Arzt und hatte Glück, dass er noch in der Praxis war. Ich schilderte ihm kurz die Katastrophe und er sagte, ich müsse sofort kommen. Nach meiner Schilderung sei es Rattengift. So schnell ich konnte, packte ich sie in ein Handtuch und fuhr mit dem Taxi in die Waldfriedhofstraße. Er hatte bereits Spritzen und Infusion hergerichtet und wir mussten nun zwei Stunden warten. In der Zwischenzeit schickte er mich in den Hahnhof, um eine Flasche besten Spätburgunder und zum Kaiser, um Gelatine zu besorgen. Die Medikamente zeigten Wirkung. Er konnte die Blutungen stoppen, sagte er bei meiner Rückkehr. Zu Hause angekommen, bereitete ich auf seine Anweisung ein Elixier aus Rotwein, Gelatine, Zucker und einem Pulver, das er mir mitgegeben hatte. Davon musste ich ihr jede Stunde einen Esslöffel voll einflößen. Ich war noch mit dem Entfernen der Blutflecken beschäftigt, als der Hanne kam. Voller Wut wollte er zu dem von uns Verdächtigten. „Wir können nichts beweisen. Wenn er davon erfährt, löst das nur Schadenfreude bei ihm aus. Wir fahren ja bald in Urlaub und er sieht sie nach vier Wochen frisch und munter wieder, dann kann er sich nur ärgern, dass sein Plan nicht aufgegangen ist." Erstaunlicherweise wurde sie in kurzer Zeit wieder ganz gesund und wir konnten unseren Italienurlaub wie gewohnt antreten.

Auch die Lullu wurde langsamer und wir wollten sie deshalb der italienischen Sonne nicht mehr aussetzen. Deshalb wählten wir für den nächsten Urlaub Vorarlberg und Pfunds, die kühle Bergluft.

Als ich eines Tages beim Bürsten bei ihr am hinteren Bauchende eine Beule entdeckte, schoss mir der Schrecken in die Glieder. Doch nicht bei unserer Lulu. Sollten das schon wieder zehn Jahre gewesen sein? Frau Dr. Ensle diagnostizierte einen Tumor, der bereits die ganze Bauchhöhle befallen hatte. Eine Operation sei unmöglich. So mussten wir voller Angst das weitere Geschehen abwarten. Dann öffnete sich der Tumor mit Blut und Sekret. Mit einem Telefongespräch vereinbarte ich einen Termin und zum Hanne sagte ich, er müsse sie zu Dr. Ensle bringen. Als ich an dem Tag zum Fenster schaute, sah ich unser Auto, auf dem Rücksitz eingewickelt unsere Lulu. „Hanne, du hast einen Termin bei unserer Dr. Ensle", sagte ich und ließ ihn mit seinem Kummer allein. Als er nach ca. einer Stunde wieder dastand, war der Rücksitz verwaist. Dann fuhren wir nach Hause, still und stumm, was bei uns selten vorkam. Zu Hause angekommen verkroch sich jeder in eine andere Ecke. Wir mussten ja am nächsten Tag wieder fit sein.

Der Herr Rotter hatte endlich eingewilligt, dass die Christine und der Kurti einen Hund bekamen, nachdem er jahrelang wegen der Mehrarbeit abgelehnt hatte. Erst als sie ihn beschworen, sich um ihn zu kümmern, gab er nach und sie bekamen ihre Luzi. Es dauerte nicht lange, da hatte sie sich auch sein Herz erobert und er nahm sie mit in den Biergarten.

„Warst du eigentlich schon in Ansbach?", frage Hanne mich eines Tages. „Was fragst du so, wenn du noch nicht dort warst, dann ich auch nicht." „Dann fahren wir morgen da hin." Es war ein nettes Haus mit einem Garten und darin spielten King Charles. So kamen wir zu unserer …

Freya

Sie war auch ein Tricolor, eine ganz Liebe und Anschmiegsame. An Erziehungsarbeit mussten wir nicht viel leisten. Sie schmiegte sich in unseren Alltag ein und am liebsten hatte sie es, wenn sie jeder umhertrug und streichelte. Unsere Pauline liebte sie besonders. So kam es, dass wir unsere Spaziergänge oft ins Olympiastadion oder ins Nymphenburger Schloss verlegten. Bei den Thalmayers am Tegernsee wurde sie natürlich auch vorgestellt. Den Rabauken Poschi gab es nicht mehr. Sie hatten inzwischen wieder einen Münchner Bierdackel, schwarz und kurzhaarig. Die beiden verstanden sich auf Anhieb, tollten in den Weißachwiesen umher und fielen dann schon mal ins Wasser.

„Statt immer nur in den Süden in Urlaub zu fahren, verbringen wir ihn doch mal im Norden", schlug Hanne vor und dachte dabei an die Nordsee. „Du bist ja verrückt, das sind 1000 Kilometer und mehr für die Anreise." Natürlich setzte er sich durch und bestellte ein Appartement am Friedrichskoog. Unsere Freya liebte Autofahren und bekam gut eingebettet den Rücksitz. Also los ging's bis Hannover. Die Stadt kannte er wegen der Tagungen gut und wir übernachteten auch dort. Nach ca. 200 km kamen wir nach Hamburg. Über diese schöne Stadt an der Elbe brauche ich nicht viel zu erzählen, die kennt jeder. Auch mir war sie seit meiner Kindheit und vor der Zerstörung bekannt. Meine zwei Hamburger Tanten, die Tante Emmi und die Tante Helmi, die bei uns damals zu Besuch waren, nahmen mich mit. Das große Bismarckdenkmal blieb mir von damals in Erinnerung.

Dann kamen wir über Aurich und vorbei an jeder Menge Weiden mit schwarzweißen Kühen am Friedrichskoog an. Das schöne Landhaus mit einigen Appartements stand inmitten eines riesigen Gartens, eingezäunt mit hohen Hecken gegen den Wind. Von der Wirtin wurden wir herzlich empfangen, unterbrochen von unserer Freya, die aufgeregt hin und her zappelte. Nun waren wir glatt vergessen. Sie war so begeistert von ihr, nahm sie auf den Arm und knuddelte sie. Bevor wir unser Appartement bezogen, nahm Hanne sie an die Leine und machte außerhalb des Grundstückes seine Runden, vorbei an wilden Wiesen. So wusste sie Bescheid. Gebucht hatten wir mit Frühstück und Abendessen. Dafür gab es eine verglaste Veranda, bei günstigem Wetter auch im Garten. Schon unser erstes Abendessen war einmalig gut. Sie servierte uns Grießnockerlsuppe, Scholle mit Kartoffelbrei und Gemüse. Als Nachspeise Eis, garniert mit Obstsalat. Sogar für unsere Freya hatte sie einen Napf vorbereitet.

Als Erstes gingen wir am nächsten Tag auf den Damm zu den Schafen und hatten einen wunderschönen Blick aufs Wattenmeer. Vom Wind durchgeblasen, war der Hanne begeistert von der frischen Luft und dem Wind aus erster Hand. Unsere

Freya wälzte sich derweil im Schafsmist. Zum Glück gab es im Garten einen Trog.

Dann fuhren wir nach Sylt. In List angekommen, wanderten wir von einer Düne zur anderen. Die Freya stapfte munter durch den Sand. Bückten wir uns, wollte sie unbedingt sehen, was wir da sammelten. Es waren Muschelschalen. Als wir am Abend zurückkamen, war sie so kaputt, dass wir sie später nicht mehr dazu bewegen konnten, eine Runde zu drehen. Am nächsten Tag war sie wieder fit und munter. Beim Frühstück entdeckte sie dann die vielen Vögel in den Sträuchern. Von da ab spielte sie dann Vögelfangen, erwischte aber natürlich keinen.

Husum, die graue Stadt am Meer, ist gar nicht so grau, wie von Theodor Storm beschrieben. In Kopenhagen waren wir auch. Die Meerjungfrau ist viel kleiner, als ich sie mir vorgestellt hatte. Ich kaufte mir dann eine noch viel kleinere als Andenken. In einem Lokal in der Nähe vom Tivoli bekamen wir statt einem Maß Bier ein Viertelliterglas, dafür sehr teuer. Die Amalienburg habe ich mir auch viel größer vorgestellt.

Die nächste Insel war Amrum. Hier hatte die Freya ihren größten Spaß mit den Hopplern. Die kleinen Hasen gab es auf der kleinen Insel massenhaft und sie wurde nicht müde, ihnen hinterherzujagen. Kurz vorm Fangen verschwanden sie dann in ihren Löchern.

In Geschäften konnte man Pelzhandschuhe und Schals, angefertigt aus diesen lieben Hopplern, kaufen. Eine Gaststätte im Koog gab es auch. Die Bauern, soweit wir sie verstanden, erzählten uns die Geschichte vom Pfarrer und dem Rum. Es sollte doch niemand wissen, dass er dem Rum so zugetan war. So erhielt er von der Wirtin eine Tasse mit Rum und Kaffee. Die Leute wunderten sich, warum ihr Pfarrer immer so besoffen war.

Wir besuchten noch viele andere Orte, liefen kilometerweit an Stränden und so ging auch der schönste Urlaub zu Ende. Am letzten Tag wollten wir noch nach Husum, um Aale als Geschenke zu kaufen. Da sagte doch glatt unsere Wirtin, sie würde diese selbst besorgen, weil wir von Fischen nichts verstünden und sie brachte drei wunderschöne Exemplare. Wir bedankten uns für den schönen Aufenthalt, besonders für das einmalig gute Essen. Für die Verköstigung unserer Freya die ganze Zeit über, gab ihr der Hanne ein Extrakuvert.

Um 7 Uhr morgens fuhren wir los und am Abend um 10 Uhr waren wir zu Hause.

Dank der guten Luft aus erster Hand hatten wir uns so gut erholt wie lange nicht.

Wir hatten uns mit den Thalmayers am Marienplatz zum Weißwurstessen an meinem Geburtstag verabredet. Gerade sagte der Herbert noch, dass ihm die Stadt langsam immer fremder werde. Da fingen die Glocken der Frauenkirche mit ihrem dunklen Klang zu schlagen an und schließlich alle Glocken unserer Kirche zusammen. Wie ich richtig vermutet hatte, war unser Ministerpräsident soeben verstorben. Dann gingen wir über die Maximilianstraße zum Wiener Platz in unser altes Stammlokal, den Hofbräuhauskeller. Während wir unsere Weißwürste aßen, platzte der Herbert mit der Neuigkeit heraus, dass sie ihre Anstellungen gekündigt und den Rentenantrag eingereicht hätten. Damit hatte er uns einen Floh ins Ohr gesetzt. Die beiden waren ja nur ein Jahr älter und hatten ungefähr so lange gearbeitet wie wir. Bei uns wurde der Ohrwurm immer größer und wir taten es ihnen gleich. Als alle Formalitäten erledigt waren, begann unser Rentenzeitalter am 1.4.89.

Durch Zufall trafen wir im Maxhofbiergarten einen Mann, der uns erzählte, er habe in Frasdorf eine Wohnung, könne sich aber wegen seines Alters nicht mehr so darum kümmern, ob das, so frisch in Rente, als Ausweiche für den Alltag etwas für uns wäre. „Eigentlich eine gute Idee", meinte der Hanne. Wir vereinbarten einen Termin und fuhren nach Frasdorf. Es war eine Zwei-Zimmer-Wohnung im ersten Stock mit Bad und Nischenfenster in einem Vier-Familien-Haus. Allerdings mussten noch einige Renovierungen vorgenommen werden und wir nahmen sie. Nach der Räumung stürzten wir uns voller Elan in die neue Aufgabe, kauften in Rosenheim Tapeten usw., für die Nischen zwei Bettsofas und ließen eine neue Küchenzeile einbauen. Der Thalmayer Herbert kam und Hanne und er arbeiteten fleißig, die Wohnung mit dem Auslegeteppich wurde immer gemütlicher. In Rosenheim kauften wir uns noch eine kleine Bauernküche mit Schrank, Eckbank und Tisch. Am Vormittag wurde gearbeitet und nachmittags erkundeten wir die Umgebung. Zum Glück lag das Haus ziemlich weit hinten, so dass wir die Autobahn nicht hören konnten. Im Ried bei Achenmühle floss ein kleiner Bach, ideal für unsere kleine Badenixe. Auch eine Kneippanlage für müde Füße gab es. Zur Einweihung kamen die Thalmayers zu uns. Da wurden dann auch einige Geschenkweinflaschen geköpft, die wir von der Verabschiedung unserer Firmen bzw. vom Krankenhaus erhalten hatten. Später kamen meine Schwester und der Herbert. Sie waren so begeistert von der Wohnung, aber noch begeisterter waren sie von meinem Schweinebraten – dank des Metzgers in unserer Nähe.

Nun waren wir mehr in Frasdorf als in München, aber wie zu Hause ging einer zum Einkaufen, der andere deckte den Frühstückstisch an einem großen Gemeinschaftstisch im Garten. Unsere Mitbewohner hatten dann Spaß daran, was ihnen der Hanne so alles erzählte. Später im November fuhren wir nochmals hin, um den Kohlenmann abzuwarten, damit wir es auch im Winter schön warm hatten. Derweil kochte ich meine Kartoffelsuppe mit den guten Würsten und Hanne und Freya waren beim Wandern. Am Nachmittag lasen wir unsere Zeitungen und sortierten die alten aus. Wir saßen noch am Tisch, Hanne fragte mich um Schokolade und ich hatte Geleebananen im Angebot. Da es im Fernsehen eine Serie über ein Weingut in Kalifornien gab, wollte ich wissen, ob er mitkomme, um zu schauen. Er drehte dann an der Antenne herum, gab mit noch einen Kuss und sagte, er sei müde und ging schlafen. Am nächsten Morgen war es noch ruhig, so machte ich mich mit der Freya auf den Weg, um frische Semmeln und Milch zu kaufen. Als ich zurückkam, kein Kaffeeduft und eine sonderbare Stille. Die Freya sprang auf sein Bett, ich hinterher. Starr und tot lag er da. In Seitenlage, die Füße angewinkelt und den Daumen am Mund, so lag er da. Durch einen Schrei weckte ich meine Nachbarn und ich soll geschrien haben: „Mein Mann hat mich verlassen!" Dann erschien eine Ärztin und bestätigte mir den Tod, sie könne aber keine Todesursache feststellen. Meine Telefongespräche, die dann folgten, drückten ungläubiges Entsetzen aus. Am Nachmittag kam die Bestattung und holte ihn zurück nach München. Dahinter fuhr ein Mann der Bestattung mit unserem Wagen mich und die Freya nach Hause. Es war am 14.11.1989.

Im Nachhinein betrachtet, funktionierte ich in dieser Zeit, einschließlich der Beerdigung, wie ein Automat. Erledigte Behördengänge, meldete die verschiedenen Dinge ab oder um, das Auto wurde verkauft. An Hausarbeiten, die ich lange nicht mehr gemacht hatte, musste ich mich wieder gewöhnen und ein Laster legte ich mir zu: Fast jeden Tag fuhren wir in die Stadt, ich kaufte Sachen, die ich eigentlich gar nicht brauchte. Sogar ein Marokkoteppich, der dann angeliefert wurde, war dabei. Den sah ich später in einer mir bekannten Wohnung in Trudering liegen. Abends sah ich mir dann Bilder aus vergangenen Zeiten an. Dann suchte ich krampfhaft nach Tonbändern unserer beliebtesten Schlager und nach einem Tonband mit lustigen Zwiegesprächen zwischen meiner Mama und dem Hanne am Faschingsdienstag mit Kakao und Krapfen. Erst viel später wurde mir klar, dass diese beim Autoverkauf in der Box geblieben waren.

So konnte es nicht mehr weitergehen. Es war Sommer und die Pauline und Herbert waren wie jedes Jahr in Bad Gleichenberg. Und ich hatte das Gießen der Zimmerpflanzen übernommen. Schon am Morgen fuhren wir in die Tizianstraße, ich stellte alle Pflanzen in die Wanne und dann fuhren wir weiter zum Bahnhof. Dort kaufte ich zwei Fahrkarten nach Bad Gleichenberg über Graz. Als Nächstes bestellte ich im österreichischen Reisebüro ein Zimmer, in dem Hunde erlaubt waren, in einer Pension. Ich packte meine Reisetasche einschließlich Fertigfutter und schon am nächsten Tag fuhren wir mit dem ersten Zug nach Bad Gleichenberg. Beim Anblick der Berge besserte sich mein düsterer Zustand und ein Hauch von Freude erfüllte mich. Als wir ankamen, wurden wir vom Pensionsbesitzer abgeholt. Den fragte ich dann auch, wo der Gleichenberger Hof sich befinde. „Oh", sagte er, „es ist eines der ältesten und besten Hotels am Platz und befindet sich nahe am Kurbad." Nach einer Erfrischung machten wir uns auf die Suche. Der Ort war wunderschön, sehr sauber, mit vielen Hotels und als Zierde plätscherten Brunnen vor den Häusern. Inzwischen waren wir am Kurhaus angekommen, gelegen in einer herrlichen Parkanlage mit uraltem Baumbestand. Der Gleichenberger Hof lag linker Hand auf einer kleinen Anhöhe. Von Weitem sah ich meine Schwester am Alkoven im Hochparterre stehen und Eichhörnchen füttern. Im Vorbeigehen sagte ich: „Pauline, grüß dich", und ging schnell weiter. Auf der Terrasse fragte ich dann den Kellner, wo der Platz der Filehrs sei. Es war der Stammtisch. Ein Ehepaar saß dort, ich konnte mich daran vage erinnern, den Mann bei Herbert in München schon gesehen zu haben. Es war sein Cousin.

Da ich am Stammtisch saß, erschien der Besitzer und ich nannte meinen Namen und dass ich die Schwester von Pauline sei. „Ach, Sie sind die Isi", er schaute auf den Boden, „und natürlich mit Hund", und er lachte. „Sagen Sie bitte nichts meiner Schwester. Es soll eine Überraschung sein."

Soviel ich wusste, gehörte das Hotel seinem Onkel und der Tante und die hatten es schon vor Jahren an den Sohn übergeben. Das war dann der dritte Cousin. Die Überraschung war mir gelungen. Als meine Schwester mich sah, umarmte sie mich, was höchst selten bei ihr vorkam, denn sie hatte meine Stimme gehört und geglaubt, mir sei etwas passiert. Beide freuten sich und bei mir kam plötzlich der Appetit zurück.

Serviert wurde Panadlsuppe, Kalbsvögel mit Spatzen und verschiedenes Gemüse, danach eine Portion Topfenstrudel. Meine Freya ging auch nicht leer aus. Sie erhielt zu meiner Überraschung einen Napf mit Fleisch, Reis und Suppengemüse. Spät am Abend wanderten wir in die Pension und am Morgen wieder zurück.

Wir verbrachten eine wunderbare Woche, gingen schwimmen und der Herbert musste die Freya hüten. Am Nachmittag unternahmen wir Ausflüge, sogar nach Köflach zu den Lipizzanern und nach Graz auf den Uhrturm. Selbstverständlich war, dass wir zum Abendessen eingeladen wurden. Nach einigen Tagen fuhr der eine Cousin mit seiner Frau zurück nach Wien. Und uns brachte der Herbert nach einer Woche nach Graz zum Bahnhof. Zufrieden und gut erholt kamen wir in München an.

Dann fand ich im Sendlinger Anzeiger eine Anzeige von einem Blumenhandel, der eine Kassenkraft für einige Stunden in der Woche suchte. Dies wäre genau das Richtige für mich, ich telefonierte mit dem Chef und stellte mich dann vor. Auf die Frage, wann ich anfangen könnte, antwortete er: „Am besten gleich."

Diese Tätigkeit übte ich dann fünf Jahre aus. Und hatte viel Freude daran. Leider wurden die Stunden immer mehr, dann nahm ich meine Freya mit, die geduldig wartete, bis ich wieder Zeit für sie hatte. Zwischendurch bekam ich eine Einladung aus Kanada, die ich mir nicht entgehen lassen konnte. Da jammerte der Chef, dass ich gleich vier Wochen ausfiel.

Mit einem etwas schlechten Gewissen übergab ich meine Freya der Nachbarin für diese Zeit. Da ich das Flugticket bereits einige Monate früher kaufte und die Preise inzwischen gefallen waren, bekam ich als Ausgleich von der Air Canada einen Erste-Klasse-Flug mit Speisekarte zur Auswahl. Nach dem angenehmsten Flug landete ich in Toronto und wurde von Les stürmisch begrüßt. Mit seinem Freund und Kollegen, dem Hobbyflieger, flogen wir dann nach Fonthill.

Als wir ankamen, waren die Vorbereitungen in Les' Highschool, um ihn nach langen Jahren als Lehrer zu verabschieden, in vollem Gang. Tische wurden aufgestellt und Marylin sah ich mit einem Korb voller Maiskolben. Andere brachten volle Salatschüsseln, Obst und Getränke. Von den Männern wurden die Grillöfen angeheizt. Einige kannte ich von früher.

Die Feier begann mit dem Einzug der Schülerkapelle. Zwei oder drei Männer hielten Reden, einer von ihnen begrüßte einen Gast aus Germany. Dann wurde geklatscht und der Hunger beim Anblick der Fülle immer größer. Später wurden Lieder gesungen, andere führten traditionelle, alte Tänze vor. Langsam ging die Feier zu Ende und ich konnte endlich meinen verlorenen Schlaf vom Flug nachholen.

Wer glaubte, die Feierlichkeiten seien zu Ende, der hat sich getäuscht. Denn am 4. und 5. Juli wurde die Unabhängigkeit überall in Amerika und Kanada gefeiert. Bei uns fand sie auf den weiten Grasmatten am Fort Erie statt.

Mit Decken, Snacks und Getränken bewaffnet, lagerten dort Tausende Menschen. Unsere Truppe hatte einige der besten Plätze, denn wir hatten es nur ca. 20 Minuten zum Fort Erie. Das Orchester war gewaltig. Allein mit drei Flügeln, zig Streichern, Bläsern und Trommlern war es ausgestattet. Ein hoher Beamter der Provinzregierung hielt eine Ansprache.

Das Konzert begann mit Ouvertüren aus verschiedenen Opern von Richard Wagner, Carl Maria von Weber, Lortzing und Beyer. Dann folgten Ouvertüren der italienischen Opern, besonders blieb mir die Wilhelm-Tell-Ouvertüre von Rossini in Erinnerung. Es folgten tschechische, englische, französische und österreichische Komponisten. Den Höhepunkt bildeten die amerikanischen Komponisten, angefangen von Leonard Bernstein bis Gershwin, Miller, Goodwin und viele andere mit den Melodien der Musicals. Ein unvergessener Abend ging zu Ende. Jeder Kanadier nahm mit, was er mitgebracht hatte, verließ die Wiesen so, wie er sie vorgefunden hatte. Nicht so wie bei unseren Events, versaut mit Flaschen, Papier usw.

Schon nach einigen Tagen flogen wir nach Calgary zum Rodeo. Die Tribüne war gewaltig, besetzt mit Tausenden Menschen. Auf der Bühne fanden nicht nur Pferdedressuren und verschiedene Tiershows mit Lasso-Kunststücken der Cowboys statt, sondern vieles mehr. Beeindruckt haben mich besonders Indianergruppen in ihren prächtigen Gewändern und mit federgeschmückten

Häuptern mit ihren typischen Tänzen. Am Ende der Vorstellung flog dann ein Flieger über die Bühne und warf die Ahornfahne ab, so dass sie direkt in der Mitte stecken blieb. Eine Festwiese hat Calgary auch. Ungefähr so groß wie unsere Oktoberwiese, nur Bier und Alkohol suchte man vergeblich. Wir aber gingen in unser Hotel, da wir schon am nächsten Tag nach Edmonton, der Hauptstadt von Alberta, flogen.

Dort angekommen, wurden wir von Paul, dem Sohn von Les und Marylin, der dort studierte, abgeholt und bezogen seine Studentenwohnung im achten Stock eines Wohnhauses mit zwei Zimmern, Wohnküche und Bad. Für die Zeit suchte er sich mit seinem Kommilitonen ein Ausweichquartier. Er studierte Mathematik, Germanistik und noch ein Fach. Dann stellte er uns den Professoren, sogar dem Vizepräsidenten, vor. Zum Essen gingen wir in die Mensa. Während Marylin mit der kleinen Chinesin (ich habe ihren Namen leider vergessen) seine Wäsche ordnete und andere Arbeiten wie Bettenüberzug verrichtete, erkundeten Les und ich schon mal die Stadt. Alberta ist die reichste Provinz und dementsprechend war die Hauptstadt. Da gab es U-Bahn-Stationen, ausgestattet wie Palmengärten mit riesigen Kandelabern und Terrarien. Von den Häusern der einzelnen Fakultäten war eins schöner als das andere. Eines nannten sie Butterberg, weil es viereckig und gelb angestrichen war. Es gab ein Dinosaurier-Museum, eines mit alten Totempfählen der Indianer usw. Endlich war Marylin mit ihrer Arbeit fertig und wir besuchten ein altes Dorf aus dem 18. Jahrhundert. Dann gab es einen alten Zug aus der Anfangszeit, eine alte Autowerkstätte mit Oldtimern. Einer davon war ein alter Ford mit dem Kennzeichen 1928, damit musste mich Les unbedingt fotografieren. Weit abgeschieden von der Stadt, im Tal, rauschte ein mächtiger Strom (ich glaube, es ist der Athabasca River). Daneben befinden sich herrliche Gärten, Parkanlagen mit Statuen bekannter Frauen und Männern der Provinz. Führt der Strom Hochwasser, werden diese Anlagen als Auffangbecken genutzt.

Nach einigen Tagen verabschiedeten wir uns von Paul und fuhren mit einem Mietwagen in die Naturschutzgebiete. Die Wintersportorte Jasper und Banff waren Pflichtbesuche, die ja jeder vom TV her kennt. Aber staunend sahen wir das riesige Victoria-Eisfeld der Rocky Mountains, die Gletscher und die Wasserfälle. Dazu gesellten sich die daraus entstandenen Seen. Der Lake Louise soll der schönste sein. Für mich waren alle wunderschön. Einer davon heißt Lake Violet, wegen der Farbe. Da kamen zwei rauschende Flüsse daher. Der eine klar und dunkelgrün, der andere hellgrün-milchig. Unter der vom Wasser aus Stein gemeißelten Brücke vereinten sie sich und blieben doch getrennt. Dann gingen wir durch einen lichtdurchfluteten Wald, dessen Boden übersät war mit Blumen in allen Farben. Ungläubig berührte ich sie, weil ich nicht glauben konnte, dass sie echt waren.

Unsere Unterkunft befand sich mitten in einem Wald, auf einem Terrain mit ungefähr zehn Häusern im alpenländischen Stil, nur viel kleiner. In der Mitte ein Stapel Holzscheite, ein Hackbock mit Beil. Die Häuser bestanden aus zwei Zimmern, einer Kammer und einer großen, gemütlichen Wohnstube mit Küchenzeile, offenem Feuerplatz und Bad. Am nächsten Tag fuhren wir auf den Whistler, einen Berg mit einer unbeschreiblichen Aussicht. Vögel kamen ohne Scheu und pickten uns Körner aus der Hand. Tiere trafen wir überall. Schneeziegen kletterten mit ihren Jungen auf steilen Hängen, Wapitihirsche ästen das saftige Gras und ließen sich nicht stören. Ein Bock mit zwei gewaltigen Hörnern stand wie eine Statue an einem Felsvorsprung und überall die Bergziegen und Erdmännchen. Eine Bärin mit ihren zwei Jungen graste oder zupfte Beeren auf einer tiefer gelegenen Grasmatte. Autos durften nur im Schritttempo fahren. Bei unseren Wanderungen bewunderten wir die vom Wasser geschaffenen Felsformationen wie zum Beispiel die runden Schüsseln. Dann standen wir auf einem Gletscher, der durch die Erderwärmung laut Messlatten jedes Jahr schrumpft. Abends kamen wir todmüde in unser Haus, richteten das Abendessen, während Les zum Holzhacken ging. Mit der Chinesin teilte ich das Zimmer und sie massierte mir abends meine müden Füße.

Nach einer Woche fuhren wir zurück nach Edmonton und Paul brachte uns zum Flughafen. Zurück in Ontario wollte ich anfangen, meine Koffer zu packen. Da kam die Marylin und sagte: „Komm, wir fahren zur Erholung nach Welland. Gut erholt fuhren wir spät am Abend nach Hause. An diesem Nachmittag holte ich mir noch einen Sonnenbrand als Andenken.

Dann ging alles sehr schnell. Meine Koffer waren gepackt und Marylin gab mir noch einige Gläser von ihrer selbsteingemachten Erdbeer- und Kirschmarmelade mit. Vor versammelter Mannschaft hielt ich eine Abschiedsrede und bedankte mich für alles. Der Freund und Hobbyflieger war da und flog auf Wunsch von Les noch eine Runde über den Niagara. Dann ging's ab zum Flughafen. Noch ein kurzer Abschied und schon befand ich mich in der Abflughalle. Mein Name wurde aufgerufen und zu meiner Freude durfte ich auch in der ersten Klasse zurückfliegen. Es dauerte nicht lang, da wurde das Abendessen serviert. Dann wurde es Nacht. Der Orion strahlte hell leuchtend am Himmel und weil wir den 9. August schrieben, dachte ich noch an meinen Bruder. Dann war ich weg. Erst als mich ein Sonnenstrahl streifte, wachte ich auf und fragte mich: „Wo bist du? Gerade noch habe ich eine Abschiedsrede gehalten."
 Als ich mein Frühstück gehabt hatte, wurde ich munter, ging zu den zwei Piloten und sagte ihnen, ich sei sozusagen ihre Nachbarin direkt hinter ihnen. Die Füße hatten sie auf der Konsole, offensichtlich war es ihnen langweilig. Schließlich hatten sie ja weiter nichts zu tun, als dass der eine ab und zu seine Koordinaten durchgab, der andere auf seine Knöpfe achtete, damit wir nicht herunterfielen. Wir unterhielten uns eine ganze Zeit. Ich erzählte, wo ich überall gewesen war und wie schön es gewesen sei. Und sie wussten Orte, wo es noch schöner sei. Beide sprachen französisch und deutsch. Nicht zu vergessen, es war die Zeit vor den Terroranschlägen.
 Erst als der Verkehr zunahm, die Durchsagen mit dem jeweiligen Tower öfter kamen, verabschiedete ich mich und wünschte eine gute Landung. Zu meiner Überraschung flogen wir schon

über das dicht besiedelte Land. Allmählich senkte sich das Flugzeug, ich sah den Flughafen, die Reifen schleiften auf der Rollbahn. Wir waren gelandet. Da dachte ich mir: „So einen kurzen Rückflug habe ich noch nie erlebt."

Mein Schwager stand schon bereit. Dann begrüßte ich auch Pauline, froh darüber, dass wir wieder gesund beisammen waren. Als Nächstes begrüßte ich meine Nachbarin. Meine Freya klammerte sich winselnd und jaulend an meine Beine, bis ich sie endlich aufhob. Mit den Vorderbeinen um meinen Hals war die Begrüßung ohne Ende. Als Nächstes telefonierte ich mit meinem Chef im Blumengroßhandel, der mir dann auch prompt gleich mehrere Stunden aufbrummte.

Vor meiner Abreise hatte ich mich endlich entschlossen, die Wohnung in Frasdorf zu kündigen. Unsere alten Freunde, die Thalmayers, waren mir dabei eine große Hilfe. Er gab im Rosenheimer Anzeiger Annoncen auf für den Verkauf der Einrichtung. Wider Erwarten war er damit sehr erfolgreich. Alle Möbel bis auf die Küchenzeile und dem Sideboard waren verkauft. Sogar die Lederbundhose und die dazu gehörigen Trachtenutensilien hatte er an den Mann gebracht. Natürlich zeigte ich mich erkenntlich, inklusive der Fahrkosten und der Anzeigen, trotz Widerstand. Bei Gelegenheit fuhren wir zum Wirt nach Hinterbrühl und feierten den Erfolg.

Mit meiner Freya war ich, besonders in den Wintermonaten, oft bei Pauline. Auch hatte ich eine Nichte, sie war geschieden und kannte eigentlich nur Arbeit. Die freute sich auf unsere gelegentlichen Ausflüge an Orte wie Vorarlberg, Tirol, Salzkammergut und Oberösterreich. Für sie waren es Erlebnisse, für mich Erinnerungsfahrten.

Es wäre so schön gewesen, hätte ich nicht beim Bürsten diesen Tumor im Bauch meiner Freya festgestellt. Durch eine Hundebekanntschaft bekam ich den Rat, einen Arzt in Gauting aufzusuchen, der auch ein guter Operateur sei. Nach einem Termin stellte der Arzt zudem eine kleine Herzirritation fest. Und er wolle vorerst eine Behandlung mit Medikamenten durchführen. Nun fuhr ich wochenlang nach Gauting und die Angst fuhr mit. Aber auch ein wenig Hoffnung. Doch offensichtlich schlugen die Medikamente nicht an, der Tumor wurde immer größer. Endlich entschloss er sich, zu operieren. Ein Termin wurde vereinbart. Allerdings müsste sie über Nacht bei ihm bleiben, um sie zu beobachten. Bis die Narkose wirkte, blieb ich bei ihr, streichelte und tröstete sie: „Sei schön brav, ich komme bald wieder."

Am nächsten Morgen bekam ich einen Anruf, in dem der Arzt mir mitteilte, die Freya hätte die Nacht nicht überstanden und sei verendet. Gegen besseres Wissen hatte ich dem Arzt vertraut und meiner lieben Freya die Operation noch zugemutet.

Eine treue Begleiterin, die ständig um dich ist, die Freude und Trauer mit dir teilt und plötzlich nicht mehr da ist, das ist sehr schmerzhaft. Meine Freya wurde neun Jahre alt.

Die Wochenenden verbrachte ich weiterhin bei Pauline und Herbert, allerdings übernahm ich immer mehr Hausarbeiten, da es Pauline gesundheitlich laufend schlechter ging. Dann hatte ich noch zwei Gräber zu pflegen und zu gießen. Im Blumengeschäft wurden auch die Stunden mehr und mehr. So beschloss ich, diesen Job nach fünf Jahren aufzugeben. Eines Tages telefonierte ich mit Frau Barkmann aus Ansbach, mit der ich in loser Verbindung stand, und erzählte ihr vom Schicksal meiner Freya. Sie meinte auch, es sei immer traurig, ein Tier zu verlieren, gewöhnen könne man sich nie daran. Dann berichtete sie mir, ihre Laura hätte vor drei Wochen sechs Junge (ein Weibchen, fünf Rüden) bekommen, ob ich nicht zu ihr kommen wolle, so was Putziges hätte ich noch nie gesehen. Ich versprach, bei nächster Gelegenheit zu kommen, und dachte: „Anschauen kannst du sie ja." Und die Frau Barkmann hatte eine eventuelle Abnehmerin.

Also fuhren meine Nichte Renate und ich nach Ansbach. So etwas Putziges von King Charles hatte ich wirklich noch nicht

gesehen. Einer davon hatte seine Augen schon zu Schlitzen geöffnet – wie ein kleiner Chinese. Es war der Erste, der die Welt
erblickte. Es kam, wie es kommen musste. Er lag in meiner Hand
und ich konnte nicht mehr Nein sagen. Allerdings müsste ich
noch fünf Wochen warten, dann sei er neun Wochen alt. Die
Frage nach dem Weibchen erübrigte sich, da es bereits eine Familie hatte. Eine leise Freude erfasste mich, da ich auch noch
seinen Namen auswählen durfte, allerdings müssten alle mit D
beginnen. So nannte ich ihn:

Dastin (englisch: Dustin)
Und es war diesmal ein King Charles Blenheim, rostrot-weiß
wie damals unser Tobby. Die fünf Wochen kamen mir endlos
lange vor. Frau Barkmann gab mir noch Nahrung für die nächs-

ten Wochen mit, dann könne ich langsam auf Fleisch umstellen. Endlich war wieder Leben in der Wohnung. Jede Stunde machte ich meine Runde. Später probierte er, die Hinterfüßchen zu heben, einmal links und dann wieder rechts und jedes Mal kippte er um. Das wurde so lange geübt, bis es endlich klappte. Pauline freute sich natürlich, sogar der Herbert ließ es zu, dass er auf den Sessel sprang. Er fühlte sich in der Tizianstraße genauso zu Hause.

Die Autobahnanlagen waren gut geeignet, ihn frei laufen zu lassen, und er schnüffelte hin und her. Dabei entwickelte er schon seine eigenen Interessen. Jedes Mal nach drei oder vier Schritten drehte er sich um, schaute, ob ich noch da war. Versteckte ich mich, stand er entsetzt da. Dafür waren dann die Wiedersehensfreude und die Begrüßung umso stürmischer.

Dann bekam ich einen Anruf von Herbert. Aufgeregt teilte er mir mit, die Pauline habe einen Schlaganfall bekommen und sei ins Rotkreuzkrankenhaus eingeliefert worden. Natürlich fuhr ich so schnell als möglich zu ihm. Er war so aufgeregt und verwirrt, erzählte mir, wo und wie es passiert sei. Dann packte ich eine Tasche mit dem Notwendigsten und ging vor ins Krankenhaus. Dort suchte ich die richtige Station. Von der zuständigen Schwester wurde mir erklärt, dass die Untersuchungen noch nicht abgeschlossen seien, dadurch ein Besuch erst morgen möglich sei. Und ich übergab ihr dann die Tasche. Weiter konnte ich bei Herbert nichts tun und sagte ihm, er möge mich sofort anrufen, sobald er Näheres wisse. Dann fuhren wir beide nach Hause.

Der Anruf am nächsten Tag machte uns große Sorgen. Pauline konnte nicht mehr sprechen, eine Seite war gelähmt. Er konnte nicht sagen, ob sie ihn erkannte. Auch nach meinem Besuch war ich nicht sicher, ob sie wusste, wer ich bin. Später setzte sich der Pflegedienst mit Herbert in Verbindung. Sie waren ihm bei Anträgen für die Pflege zu Hause behilflich. Auch wurde ein Krankenbett geliefert. Nach drei Wochen kam sie nach Hause. Ihr Zustand war nahezu gleich geblieben.

Inzwischen hatte Herbert alles geregelt. Der Pflegedienst kam dreimal am Tag. Für Frühstück und Abendbrot sorgte der Herbert. Das Mittagessen wurde von einem Speiseservice geliefert. Am Wochenende war ich dann zuständig und erledigte, wie schon vorher, anfallende Hausarbeiten, ohne Putzen, dafür hatte er eine Putzhilfe. Musste er geschäftlich nach Kassel, so blieb ich schon mal eine ganze Woche bei meiner Schwester.

Mein Dastin entwickelte sich zu einem aufgeweckten Burschen und lernte bald seine Umgebung kennen. So bogen wir einmal nach der Unterführung den Weg nach links ein. In Höhe der Einfamilienhäuser schoss plötzlich ein großer schwarzer Hund aus dem Garten über den Zaun, packte den Dastin und schüttelte ihn. Durch meinen Schrei erschrak er und ließ ihn los. In diesem Moment packte ich Dastin und lief, so schnell ich konnte, weg. Der Hund aber stand oben auf der Anhöhe und schaute uns verdutzt nach. Jahrelang mieden wir den Weg.

Dann entdeckte er seine Liebe zum Wasser. So fuhren wir öfter mit der U-Bahn nach Thalkirchen an die Isar. Schon vor der Haltestelle kam er von seinem Platz unter der Bank hervor und forderte mich auf auszusteigen. Reagierte ich nicht gleich, fing er an zu bellen und erschreckte die Leute. Bei diesem Verhalten, sagte ein Ratgeber im TV, solle man dem Hund ein Hundeleckerli zum Abgewöhnen geben. Der meine nahm es und bellte weiter. Es war mir ein Rätsel. Wieso wusste er so genau die Station, an der wir ausstiegen? Er konnte nicht zählen, die Anzeigentafel nicht lesen und die Durchsagen verstand er sicher nicht. Also blieb nur der Geruchssinn. Er erschnüffelte sich die Stationen. Ein Fehler passierte ihm dabei nie. Das gleiche Verhalten hatte ich schon am Romanplatz und an der Haltestelle Gern beobachtet. Besonders beliebt war dann das stundenlange Steckerlwerfen ins Wasser. Hatte ich keine mehr, so waren Steine ein guter Ersatz, um danach zu tauchen. Oft blieb er so lange unten, dass ich Sorgen hatte, er könnte ertrinken. Zufällig fand ich einen Stein, der auf der einen Seite dunkel, auf der anderen Seite hell war. Und den warf ich. Der Tauchgang dauerte, denn er suchte nicht nach irgendeinem Stein, sondern genau nach diesem. Also konnte er sogar im Wasser noch meinen Handabdruck wittern.

Ein anderes Mal: Wir waren bereits an der Großhesseloher Brücke angekommen und wateten dann wie immer unterhalb auf die andere Seite zur Treppe. Ich war schon angekommen, sah ich ihn immer noch in der Mitte des Flusses stehen. Seine nassen Ohrlappen hingen ihm um die Augen und der eine Fuß war angewinkelt. So stand er da, den Blick starr auf etwas gerichtet. Ein Rufen half nicht. Vielleicht lag ein toter Fisch im Wasser? Und ich ging zum Nachschauen zu ihm zurück. Einen toten Fisch fand ich nicht, aber einen Stein, nicht größer als ein Ziegel und darüber plätscherte Wasser. Ob er das so faszinierend fand, weiß ich nicht. „Du spinnst doch", sagte ich, nahm ihn beim Schlafittchen und führte ihn um den Stein. Dann schwamm er mit mir an der Seite zur Treppe. Über den Berg am Bahndamm entlang erreichten wir die Wolfratshauser Straße und fuhren dann mit dem Bus nach Hause.

Als ich meiner Nichte Renate mit dem Vorschlag kam, eine Besichtigungsreise nach Thüringen zu unternehmen, war sie natürlich gleich dafür. Also bestellte ich in Bad Frankenhausen in einer Pension Zimmer.

Schon die Anfahrt war ein Vergnügen. Die Straßen und Raststätten mit Parkanlagen waren bereits neu errichtet. Unser Ziel war das Kyffhäusergebirge. Ein üppiges, schönes Waldgebiet und oben angekommen, erhob sich das gewaltige Monument des Kaiser Rotbart, auch genannt Kaiser Barbarossa. Vor lauter Staunen zog man sich glatt eine Genickstarre zu. Der Auftraggeber oder die Erbauer mussten an Gigantomanie gelitten haben.

Unser Frühstück war gut und reichhaltig. Sogar meinem Dastin konnte ich in sein Frühstücksmüsli Wurststücke spendieren. Als Nächstes besuchten wir noch so einen gewaltigen Rundbau, das Museum der deutschen Geschichte mit Darstellungen aus Jahrhunderten. Im Naumburger Dom besuchten wir die Statuen der Uta mit dem treuen Ekkehard und das Kloster mit den uralten Bogengängen. In Stolberg bewunderten wir die Fachwerkhäuser, eines schöner als das andere, mit Blumen geschmückten Fenstern und Türen, man glaubte sich in einem Märchen. Auch die zwei meist fotografierten Männer in Weimar bekamen von uns Besuch. Ebenso in Eisenach der Martin Luther.

Am letzten Tag besuchten wir noch den Rosengarten in Sangerhausen. Angeblich ist er der größte in Europa. Schon am Eingang kam uns ein gebündelter Rosenduft entgegen. Die Vielfalt und die Schönheit der Rosenstöcke, Girlanden und Rosenrabatten sind unbeschreiblich. Dazwischen plätscherten Brunnen und kleine Fontänen zur Abwechslung. Ein Tag dafür ist viel zu kurz, um all dies genießen zu können. Später gingen wir dann noch in einen ruhigen Park, um diese schönen, aber stressigen Tage ausklingen zu lassen. Vorher wünschten wir uns unser köstliches Abendessen herbei. Da kam uns ein Mann freundlich lächelnd entgegen und sprach uns an: „Gell, ihr seid bestimmt aus dem Westen." „Ja, genauer aus München. Und Sie sind der Erste, der mit uns spricht", sagte ich. „Woran das nur liegt? Nach einem kurzen Ja oder Nein oder so ähnlich war ein Gespräch bereits beendet. Liegt das an uns oder unserer Aussprache?" „Nein, bestimmt nicht", meinte er. „Das liegt daran, dass die Leute noch alle Betonköpfe tragen." Dann erzählte er uns seine Geschichte.

Beim Aufstand 1953 wurde er verhaftet und in das berüchtigte Zuchthaus nach Bautzen gebracht. Bei schwierigsten Bedingungen musste er zehn Stunden täglich in einem Kohlebergwerk arbeiten. Die Stollen waren zu niedrig, um aufrecht stehen zu können. Ungefähr nach zehn Jahren wurde er ohne Erklärung und Entschädigung nach Hause entlassen. Auch seine Familie war in dieser Zeit mit Repressalien konfrontiert. Sein Sohn zum Beispiel durfte nicht studieren. Nun wünschte er uns noch einen guten Aufenthalt und wir ihm alles Gute für die Zukunft.

Wir haben so viele Orte und kleine Städte kennengelernt. Von den schmutzigen, grauen Häusern aus der Nachwendezeit sahen wir vielleicht noch ein oder zwei übrig geblieben. Alle anderen waren renoviert oder in bunten Farben gestrichen. Natürlich wurden auch viele Neubauten erstellt, die sich dann aber gut in ein hübsches Ganzes einfügten. Auch die Schlaglöcher auf Straßen und Gehwegen waren alle verschwunden. Helmut Kohl hatte recht mit seiner Vorhersage. Auf einer nagelneuen Autobahn fuhren wir dann über Halle an der Saale nach Hause, mein Dastin friedlich schlafend hinter mir.

Auch der Winter hatte teilweise seine schönen Seiten. Nach Neuschnee wartete sein Freund Bubi schon auf ihn. Dann stoben die beiden durch die verschneiten Wiesen, balgten sich und weiter ging's. Nach kurzer Zeit standen sie dann wie zwei Schneehunde da. Wegen der eiskalten Füße machten wir uns auf den Heimweg. Zu Hause angekommen, hatte ich dann das Vergnügen, ihm in der Badewanne die großen und kleinen Schneebälle aus dem Fell zu kämmen und morgen auf ein Neues. Die Weihnachtsfeiertage verbrachten wir in der Tizianstraße. Da stand ich dann die meiste Zeit in der Küche und bereitete das Weihnachtsessen vor. Die Lieblingsgerichte von Herbert waren Kalbshaxe mit selbstgemachten Spätzle und Rahmsoße oder ich schmorte Rinderbeinscheiben mit Cognacsoße, Salzkartoffeln oder Knödeln.

Auch die Pfleger von Pauline bekamen von Herbert ein Geschenk überreicht, wegen ihrer immer guten Arbeit und Pünktlichkeit. Silvester und die folgenden Tage waren wir zu Hause. Zur Abwechslung stand ich dann in meiner Küche und bereitete mein Silvesteressen vor. Einmal im Jahr gab es bei mir russische Eier, ein Stückchen Aal und verschiedene Salate. Allen, die zu mir kamen, wurden die russischen Eier serviert. Die Thalmayers besuchten uns schon am Nachmittag und stellten uns ihren neuen Bierdackel, diesmal war es ein rehbrauner, vor. Mein Dastin wuselte hinter ihm her, leckte ihn von oben bis unten ab und ein Rennen begann in der Wohnung. Als wir später allein waren, wollte er unbedingt auf den Balkon. Es krachten bereits schon die Raketen, aber schussfest war er auch. Um 12 Uhr wünschten sich alle von Balkon zu Balkon ein gutes neues Jahr und dazwischen bellte mein Dastin, auf meinem Arm, den Raketen nach. Am Neujahrsmorgen sammelte er dann die Raketenhülsen ein, brachte sie mir, die hätten ja schließlich gut zum Spielen, Werfen und Fangen getaugt.

Auch dieser Winter ging vorbei und die Leute bekamen wieder Lust zu reisen. Schon rief mich meine Nichte an, sie hätte ein Busunternehmen, das Dreitagesreisen nach Berlin mit Führung anbot. Da sagte ich gerne zu. Auch mein Schwager war schon dort gewesen. Allerdings begann die Reise nachts, damit auch der erste Tag schon genutzt werden konnte.

Nach Sonnenaufgang legte der Fahrer eine Pause zum Füße vertreten und Frühstücken ein. Der Platz lag direkt neben einem Getreidefeld, übersät mit Mohn und Kornblumen. So etwas Schönes gab es bei uns schon lange nicht mehr. Genau darin verschwand mein Dastin. Als er endlich wieder rauskam, sah er aus wie ein wild gewordener Stier, wahrscheinlich gab es in dem Acker auch Mäuse. Gerade konnte ich ihn noch erwischen, bevor er wieder darin verschwand. Und schon ging die Reise weiter.

Am Ziel angekommen, wurden in einem zwölfstöckigen Hotel die Zimmer verteilt. Nach dem Essen wurde der Nachmittag für die erste Besichtigung genutzt. Das Brandenburger Tor mit den beiden auswärtigen Ämtern, das amerikanische links und das russische rechts. Am besten gefiel es mir am Gendarmenmarkt, Potsdam mit dem Schloss Sanssouci und Charlottenhof. Friedrich der Große muss seine Windspiele sehr geliebt haben, da jeder von ihnen ein eigenes Grab im Schloss bekam.

Am nächsten Tag wollten wir zum Frühstück. Da ging es meinem Dastin wahrscheinlich nicht schnell genug. Schon huschte er durch die Tür zum gegenüberliegenden Aufzug, die Tür ging zu und er fuhr mit den Leuten nach unten. Ich dachte mir dabei nichts, er würde schon unten auf uns warten. Unten angekommen, war kein Dastin zu sehen. Im Frühstücksraum fragte ich nach ihm, außer den Leuten im Aufzug hatte ihn niemand gesehen. Dann schaute ich in alle Zimmer bis hinter zur Frühstücksküche. Vielleicht wartete er dann draußen am Bus? Auch da war er nicht. An die Schnellstraße außerhalb wollte ich gar nicht erst denken.

Noch einmal durchsuchte ich alle offenen Zimmer und wieder kein Erfolg. Dann fuhren wir mit dem Aufzug in den achten Stock und blieben vor der Türe unseres Zimmers stehen. So verzweifelt ich war, sagte ich zur Renate: „Ohne Dastin, ob tot oder lebendig, fahre ich nicht nach Hause!" Da hörte ich ein leises Trippeln auf den Steintreppen. Wer kam schnaufend daher?! Er. In Erwartung einer Strafpredigt kam er langsam zu mir gerobbt. Ich war doch so froh, dass er wieder da war. Stattdessen nahm ich ihn auf den Arm, bekam einige Zungenschläge links und rechts, für ihn war dann alles wieder gut. Aber sofort war strenge Leinenpflicht angesagt und geschlossene Türen. Da wir die Treppen nie gegangen waren, war es mir ein Rätsel, wieso er auf die Idee kam. Wahrscheinlich hatte er im Luftzug gerochen, dass wir da oben standen. Auf eine Besichtigungstour hatte ich an diesem Tag keine Lust mehr.

Wie üblich am Samstag, bereitete ich in der Tizianstraße das Mittagessen vor. Es gab Pfannenkuchensuppe, Fleischpflanzerl mit Kartoffel-Gurken-Salat. Der Herbert holte noch Bier beim Getränkehändler an der Ecke Waisenhausstraße. Inzwischen half ich meiner Schwester mit der Suppe und schnitt ihr die Fleischpflanzerl zurecht. Der Herbert war jedoch noch immer nicht zurück. Sicher hatte er sich wieder mit dem Inhaber über Filmkameras unterhalten und daher das Essen vergessen. Darum schaute ich nach und wollte ihn holen. Ich sah aber von Weitem, dass der Laden bereits geschlossen und unser Tragl an der Türe stand. Mein Verdacht bestätigte sich, nachdem ich den Notdienst angerufen hatte. Da erfuhr ich nach langem Hin und Her und wer ich sei und warum ich anrufe, dass tatsächlich ein Herr Filehr einen Zusammenbruch in der Waisenhausstraße erlitten hatte und auf dem Weg ins Harlachinger Krankenhaus sei. Sofort packte ich ein paar persönliche Dinge sowie die Unterlagen der Krankenversicherung ein und fuhr mit dem Taxi nach Harlaching. Zuvor durfte mein Dastin zur Pauline, außerdem ließ ich die Türe zum Garten offen. Als ich ankam, standen die Sanitäter mit Herbert bereits in der Notaufnahme. Zu Herbert geneigt sagte ich: „Was machst du für Geschichten?", erhielt aber nur ein unverständliches Gemurmel. Außerdem erkannte er mich nicht. Dann wurden die Personalien aufgenommen. Ein Arzt sagte mir, mehr könne ich nicht tun und ich würde zu gegebener Zeit benachrichtigt. So fuhr ich wieder nach Hause und telefonierte dann mit seiner Schwester. Ein heftiger Gehirnschlag war die Ursache. Er blieb halbseitig gelähmt. Das Sprachzentrum war allerdings nicht betroffen. So besuchte ich ihn noch zweimal im Krankenhaus, ohne dass er mich wiedererkannte. Nach vier Wochen wurde er dann als unheilbar in die Krankenabteilung im Münchenstift an der Effnerstraße verlegt. Seine Schwester übernahm die Pflegschaft mithilfe eines Freundes, der alle schriftlichen Angelegenheiten erledigte. Die Pflegestelle von Pauline veranlasste dann, dass auch sie ins Münchenstift kam.

Unsere wöchentlichen Besuche verlegten sich nun in die Effnerstraße. Schon beim zweiten Mal wusste Dastin, dass wir am Odeonsplatz umsteigen mussten, denn nach dem Marienplatz kam er unter der Bank hervor, schaute mich an und forderte mich zum Aussteigen auf. Mit der Pauline verbrachte ich dann den Tag. Half ihr zum Beispiel mittags beim Essen, las ihr aus Zeitschriften vor oder wir lösten Kreuzworträtsel. Dabei las ich ihr die Fragen vor und schrieb die von mir gegebenen Antworten ein. Am Nachmittag gingen wir in die Cafeteria. Hier war Dastin ein gern gesehener Gast bei den Leuten, er wurde gestreichelt und gelobt, wie brav er doch sei. Anschließend gingen wir zum Spielen in den Park. Vor dem Heimweg besuchte ich noch jedes Mal den Herbert. Er erkannte mich immer noch nicht, erzählte mir aber verwirrt irgendwelche Geschichten vom Krieg.

Als ich eines Abends nach ihm schaute, sah ich, dass er im Sterben lag. Als hätte er auf jemanden gewartet, erlag er kurze Zeit später mit einem kurzen tiefen Atemzug seiner Krankheit. Dann verständigte ich die Stationsschwester. Anschließend telefonierte ich mit seiner Schwester, falls sie ihren Bruder noch sehen wolle, müsse sie kommen, da er gerade gestorben sei. Da sie in der Nähe wohnte, kam sie mit sämtlichen Unterlagen einschließlich Notizbuch an und drückte sie mir mit den Worten „Mach nur du!" in die Hand. Dann verabschiedete sie sich von ihrem Bruder. Von meiner Mama wusste ich nur so viel, dass es meine Schwester mit dieser Schwägerin nie leicht gehabt hatte. Somit schrieb ich dann die Todesanzeigen und richtete die Beerdigung aus.

Die Aufgaben „Grab herrichten" und „gießen" gehörten auch zum Bestandteil unseres Lebens. Nachdem die Großmutter das Grab am Ostfriedhof nicht mehr herrichten konnte, übernahm es für sie ihre Tochter. Meistens fuhr dann mein Papa mit dem Attenberger Karl und richtete es für den Winter, Frühjahr oder Sommer her. Später, der Papa war beerdigt, erledigte meine Mama die Grabpflege. Manchmal steckte von der Friedhofsverwaltung ein Zettel am Grab mit der Aufforderung, die Grabgebühr zu zahlen. Ab 1974, die Mama war beerdigt, übernahm ich die Pflege. Über 50 Jahre hatten wir das Grab hergerichtet, einen neuen Grabstein und die Gebühren bezahlt. Da ich nun drei Gräber zu versorgen hatte, sprach ich deshalb mit meinem Onkel, wie es wäre, wenn er mir das Grab auf dem Ostfriedhof abnehmen könnte. Schließlich lagen da nicht nur die Eltern meiner Mama begraben, es waren auch seine Eltern. Einige Tage später übergab ich ihm dann die Graburkunde. Nach einem kleinen Abstecher in die Vergangenheit bin ich wieder bei meinem Dastin.

Zusammen mit seinem Freund Bubi und seinem Herrchen spazierten wir die Anlage entlang und gingen auch nach links in die Richtung Kreuzhof. Nicht so der Dastin. Er blieb am Rand wie angewurzelt sitzen. Den Weg ging er nicht und ich erzählte die Geschichte vom Überfall. Wir gingen dann geradeaus weiter und ich wunderte mich wieder einmal über sein Erinnerungsvermögen. Für meine Schwester hatte ich die Pflegschaft bekommen und lieferte jedes halbe Jahr eine Aufstellung über Geld und Ausgaben in der Linprunstraße ab. Da die Wohnung vermietet werden konnte, fing ich an auszuräumen. Bewohner, die einen Krieg erlebt hatten, konnten nichts wegwerfen. So war es auch hier. Da sich meine Schwester Kleider usw. selbst nähte, fand ich eine Truhe voll mit gesammelten Stoffen. Oder auf dem Speicher fand ich mindestens 20 Tapetenrollen mit Resten. Schließlich hätte man die vielleicht noch brauchen können. In dem Bad im zweiten Stock fand eine Schlacht der Wespen statt. Die Möbel und Wände waren mit lauter kleinen Blutspritzern bedeckt. Haufenweise lagen Köpfe, Flügel und Leiber am Boden, einige flogen noch umher. Schnell suchte ich das Einschlupfloch und verstopfte es mit Kaugummi. Dann rückte ich mit Staubsauger und Kübel an. Einen ganzen Tag brauchte ich, bis ich das Schlachtfeld sauber hatte. So räumte ich wochenlang. Ab und zu schaute mal jemand vorbei, ob man vielleicht etwas gebrauchen könnte. Ein paar Freundinnen nahmen sich Stoffe mit oder Bücher von Helmut Schmidt und Peter Scholl-Latour fanden Interesse. So wühlte ich mich von der Garage bis zum Speicher. Am Schluss kam dann die Wohnungsentrümpelung und holte den Rest. Nachts wurde ich von Albträumen heimgesucht: Herbert und Pauline kamen gesund zurück und hatten keine Wohnung mehr.

Im Pflegeheim war auch ich ein gern gesehener Gast, da ich ja jede Woche ein- oder zweimal meine Schwester besuchte, sie unterhielt und Abwechslung in ihren langweiligen Alltag brachte. An den Sommerabenden wanderten wir von der Tivolibrücke aus über die Hänge an der Isar bis zur Maximiliansbrücke. Dabei wurde dann alle Quellen, Lachen und natürlich die Achterlachen in der Maximiliansanlage inspiziert. Vom Max-Weber-Platz fuhren wir dann nach Hause. Einmal schafften wir es sogar bis Thalkirchen. Mittlerweile kannte mein Dastin die Isar, die Hänge, einschließlich des Englischen Gartens und des Hinterbrühler Sees von der Kennedybrücke bis Grünwald in- und auswendig.

Bei meiner Nichte Renate hatte ich offenbar das Interesse an dem Osten geweckt. So fand sie eine Busreise in den Spreewald, zu den Badeorten an der Ostsee, es folgte der Besuch der Hansestädte und der Insel Rügen. In Lübben im Spreewald unternahmen wir eine Bootsfahrt auf den Fließen, wobei mein Dastin oben am Bug wie ein Kapitän stand und sich seine Ohren von der Brise trocken wehen ließ. Dann besuchten wir die Badeorte an der Ostsee und ich freute mich für den Dastin aufs Schwimmen. Leider ignorierte er das Wasser vollkommen. Er sah es einfach nicht. Auch auf dem langen Weg nach Hiddensee auf dem Wasser machte er keinerlei Badeversuche. Dort angekommen, besuchten wir das Grab von Gerhart Hauptmann. Dann ging es weiter nach Dresden, wir besuchten den Zwinger mit dem Porzellanglockenspiel. Aus Zeitmangel konnten wir das Grüne Gewölbe mit den unbezahlbaren Reichtümern der sächsischen-polnischen Könige nicht besuchen. Nach dem Raub konnten wir sie dann im Fernsehen bestaunen. Die Semperoper war bereits wiederhergestellt und an der Kirche wurde noch gebaut. Hier lagen die Quadersteine nummeriert zur Bearbeitung bereit. Im Fürst-Pückler-Schloss besuchten wir die einmaligen Parkanlagen mit den Pyramiden. Über Dessau, hier fiel mir der alte Dessauer Reitermarsch ein, fuhren wir zurück.

Zurück in München, fuhren wir wie immer regelmäßig ins Pflegeheim. Bei einem meiner Besuche, die Pauline schlief noch, stellte ich fest, dass die Schläuche entfernt waren. Auf Rückfrage wurde mir gesagt, sie habe über Magenschmerzen geklagt und komme morgen ins Krankenhaus zur Untersuchung. Zurück im Zimmer, schlief sie immer noch. Ein eigenartiges Gefühl erfasste mich, denn mir wurde bewusst, dass meine Schwester im Sterben lag. Der Atem ging stoßweise. Da nahm ich ihre Hand und sagte, während die Tränen flossen: „Du brauchst keine Angst zu haben, ich bin bei dir." Nach einem tiefen Ausatmen wurde es ganz ruhig. Da gab ich ihr eine Blume in die gefalteten Hände und zündete eine Kerze an. Als ich mich einigermaßen beruhigt hatte, verständigte ich die Stationsschwester. Da hatte ich das komische Gefühl, dass sie damit bereits gerechnet hätten. Sie veranlassten das Weitere und schickten mich mehr oder weniger nach Hause. Am nächsten Tag ging ich mit den Papieren in die Damenstiftstraße und bestellte die Beerdigung. Sobald ich den Tag der Beerdigung wusste, schrieb ich die Trauerkarten. Zur Trauerfeier kamen natürlich die nächsten Verwandten, der Onkel Beppi und die Tante Helmi, der Peter mit seiner Hildegard, Nachbarn und Patenkinder. Sogar der Cousin aus Wien kam angereist. Besonders dankbar für ihr Kommen war ich den beiden Freundinnen meiner Schwester, der Müller Toni und der Fips mit ihrer Tochter, die ihr bis zum Schluss die Treue gehalten hatten. Mit einem Essen verabschiedeten wir meine Schwester Pauline nochmals.

Jeden Mittwoch kam der Peter mit seiner Hildegard zum Rummispielen zu uns. Es war auch der einzige Tag in der Woche, wo ich nicht alleine essen musste. Denn ich bereitete Weißwürste, gebackenen Leberkäse, Schnitzel oder gebratene Hendl mit Kartoffelsalat. Sobald es läutete, musste ich Dastin die Tür öffnen, er rannte die Treppen runter und begrüßte die beiden. Kam dann zurück und verschwand hinter dem Vorhang. Nur der Kopf mit seinen wachen Augen schaute heraus. „Der macht doch nichts ohne Grund", dachte ich. Sein Vorrat an Leckerlis wurde im Regal ausbewahrt und den musste er bewachen. Erst als alle Platz genommen hatten, war auch für ihn Entwarnung und er verschwand unter dem Tisch in die Ecke. Nach dem Essen spielten wir stundenlang. Kaum hatten wir Zeit zum Kaffeetrinken. Spät am Abend ließ er sich blicken, tänzelte um die beiden, denn er durfte mit ihnen noch einige Runden spazieren gehen. Kam er dann zurück und der Fernseher brachte einen Tierfilm oder Cowboyfilm mit Pferdegetrappel, stürzte er auf die Konsole, robbte hin und her und bellte dabei. Ich konnte dieses Gehabe nicht weiter dulden. Da half nur eines, auf den Knopf drücken und weg waren sie. Mein Dastin war aber keineswegs enttäuscht, sondern blickte mich mit offener Schnauze und hängender Zunge an, „Hast du gesehen, wie ich die verjagt habe? Die haben in unserer Wohnung nichts zu suchen." Gingen wir in den Tierpark, so waren ihm all die Tiere, Affen, Löwen und Pferde, wurscht.

Was er noch sehr liebte, waren unsere gegenseitigen Einladungen zu den Geburtstagen. Dann fuhren wir an einen der umliegenden Seen, meistens war es der Starnberger See oder auch der Hinterbrühler See. Anschließend gingen wir spazieren und in dem Rudel fühlte er sich wohl. Bei so einem Spaziergang bemerkte ich zum ersten Mal den Luftmangel. Der Schrecken saß mir in den Gliedern und wir gingen zur Ärztin nach Solln. Von der bekam er dann Tabletten, die seine Atemzufuhr leichter machen sollten. Es wurde natürlich nicht besser und die Gänge nach Solln immer häufiger. Nun musste ich unbedingt auf die Friedhöfe zum Gießen. Mit der Irmgard fuhren wir zuerst zum Westfriedhof. Die Irmgard wartete derweil auf einer schattigen Bank samt Wasserschüssel. Am Perlacher Forst ebenso. Als ich dann nach einer halben Stunde zurückkam, war Dastin außer sich. Ich weiß nicht, was sie mit ihm angestellt hatte. Von einer Hundeseele hatte sie ja keine Ahnung. Dann brach er zusammen. Zum Glück fanden wir in der Martinstraße eine Ärztin, von der er eine Infusion bekam. Nach einer Stunde brachte ich ihn mühevoll nach Hause. Nun trug ich ihn dreimal täglich im Körbchen die Treppen runter und rauf. Aber nicht lang, denn nach einigen Tagen stand er schon morgens um 4 Uhr vor meinem Bett, rang nach Luft und seine Augen voller Qual schrien den stillen Schrei: „Hilf mir!"

Sobald es möglich war, telefonierte ich mit der Ärztin und bekam sofort einen Termin. Dann fuhren wir mit dem Taxi zu ihr. Allein in einem Zimmer, erhielt er die erste Behandlung und wurde ruhiger, sank dann auf meinen Schoß. Nach der zweiten Behandlung wurde er ganz still, die Atmung hörte auf und die Qualen hatten ein Ende gefunden. Ich hatte ihm seinen letzten Wunsch erfüllt, bettete ihn in sein Körbchen und deckte ihn zu. Dann ordnete ich wie bei all meinen Hunden eine Einzelverbrennung an. Mir aber blieb nichts anderes übrig, als sein Geschirr und die Leine zu nehmen und, heimlich meine Tränen trocknend, nach Hause zu fahren.

Beim Heimfahren erinnerte ich mich an den Handleser von damals in der Großmarkthalle und war wieder erstaunt, wie im

Laufe der Jahre alle Vorhersagen eingetreten sind. Auch eine, an die ich überhaupt nicht glaubte. Zum Schluss denke ich an all meine Hunde. Sie wurden von allen geliebt, aber nicht verhätschelt. Sie konnten spielen, schwimmen und hatten jede Menge Auslauf. Unter unserem Einfluss entwickelten sie Können und Wissen. Darüber hinaus gaben sie uns aber Rätsel auf, die wir bis heute nicht lösen konnten. Als ich dann meine wieder einmal leere Wohnung betrat, fiel mir noch der Spruch vom Schauspieler Heinz Rühmann ein:

„Man kann auch ohne Hunde leben, aber es lohnt nicht."

Isolde Gertraud Meier,
geb. Sperger, 1928 geboren
in München

Vevi
1938 – 1953

Asta
1954 – 1966

Tobby
1967 – 1977

Lulu
1978 – 1988

Freya
1988 – 1996

Dastin
1996 – 2007

Die Autorin

Isolde Meier kam 1928 in München zur Welt. Nach
der Volks- und Handelsschule absolvierte sie eine
dreijährige kaufmännische Lehre und arbeitete
viele Jahre als Buchhalterin bei unterschiedlichen
Firmen.
Sie liebt es zu wandern, zu reisen und dabei Mu-
seen, Klöster und Schlösser zu besichtigen. Isolde
Meier lebt auch heute noch in der bayerischen
Landeshauptstadt. Sie ist verwitwet und hat keine
Kinder.

novum ◢ VERLAG FÜR NEUAUTOREN

Der Verlag

*Wer aufhört
besser zu werden,
hat aufgehört
gut zu sein!*

Basierend auf diesem Motto ist es dem novum Verlag
ein Anliegen, neue Manuskripte aufzuspüren, zu ver-
öffentlichen und deren Autoren langfristig zu fördern.
Mittlerweile gilt der 1997 gegründete und mehrfach
prämierte Verlag als Spezialist für Neuautoren in
Deutschland, Österreich und der Schweiz.

**Für jedes neue Manuskript wird innerhalb we-
niger Wochen eine kostenfreie, unverbindliche
Lektorats-Prüfung erstellt.**

Weitere Informationen zum Verlag und
seinen Büchern finden Sie im Internet unter:

www.novumverlag.com